El PROBLEMA *de la* IGLESIA *y cómo* RESOLVERLO

¿Te atreverás a descubrirlo?

El problema de la iglesia y cómo resolverlo

¿Te atreverás a descubrirlo?

OSCAR TACUBA

NOTA DEL AUTOR

A menos que se indique lo contrario, las citas de la Biblia han sido tomadas de la Reina-Valera 1960. (RV60)

Otras traducciones bíblicas utilizadas en este libro son:
Biblia Dios Habla Hoy (DHH)
Biblia Nueva Traducción Viviente (NTV)
Biblia Traducción en Lenguaje Actual (TLA)
Biblia Palabra de Dios para Todos (PDT)
Nota: Todos los textos bíblicos utilizados en esta obra fueron escritos en letra *cursiva* y fueron resaltados en letras **negritas** para enfatizar alguna sección del texto.

ÍNDICE

AGRADECIMIENTOS

En primer lugar, agradezco a Dios, quien me creó y salvó por su gracia. Es él quien me permite ser lo que soy y hacer lo que hago. Al Señor Dios Todopoderoso sea la gloria, honra, alabanza y adoración por los siglos de los siglos, amén. Rindo todo fruto y honor a él.

Agradezco a mi familia, a mi esposa Norma y a nuestras dos hijas: Belén y Joyce. Muchas gracias por su paciencia, amor y tolerancia para conmigo. Gracias por permitirme el espacio para finalizar este proyecto que ha demandado tiempo y esfuerzo. Pude haber dedicado todo ese tiempo a la familia, pero ustedes se sacrificaron por mí y conmigo, muchas gracias. El Señor les recompense su bondad.

Gracias a mi madre quien ora sin cesar por nosotros. Gracias por estar conmigo y apoyarme siempre, a pesar de todo. Dios te bendiga y te recompense.

Quiero agradecer también al pastor Franklin García, a quien puedo llamar un amigo. Gracias por sus consejos, su amistad y compañerismo; ha sido de gran bendición para mi vida y la de mi familia. Gracias por haber estado cerca de nosotros en los momentos de gran necesidad. Que Dios le bendiga.

Me siento muy agradecido con el pastor Rubén C. Casas, quien dedicó tiempo y usó sus habilidades y talentos para revisar y corregir este manuscrito. Sin duda su pasión, dedicación y profesionalismo en esta tarea ha enriquecido significativamente este proyecto. Mil gracias por su contribución en esta obra.

Mi más sincera gratitud es para el hermano Gastón I. Ferreyra, quien editó y diseñó el interior de este libro. Su pasión y profesionalismo se ve reflejado en cada página. Gracias por su disposición, Dios le recompense en gran manera.

DEDICATORIA

Dedico este libro a todos aquellos que tienen un profundo anhelo y deseo de ver y ser parte de un avivamiento, aquellos que han estado esperando, pero sobre todo orando y buscando el rostro de Dios continuamente, para que él se mueva con poder en su iglesia en estos últimos tiempos. Es mi deseo también, que la gloria de Dios se manifieste en su pueblo y traiga una ola de avivamiento, pureza y santidad que envuelva al mundo entero, para que muchos sean salvos de la condenación del infierno.

Esta obra es mi contribución y un granito de arena en esta causa. Qué la buena mano de Dios bendiga, prospere y use este proyecto para lograr sus propósitos en las vidas de aquellos hasta dónde logre llegar. Unamos nuestras voces y que nuestro clamor suba en oración como incienso de aroma fragrante ante su trono. Qué él sea glorificado en su iglesia una vez más, en el nombre de Jesús, amén.

INTRODUCCIÓN

¿Por qué un libro como este?

Debo admitirlo delante de ustedes y confesarlo, no soy un autor reconocido y no tengo mucha experiencia en esto. Debido a ello, he enfrentado muchas luchas, desánimo y altibajos en todo el proceso de escribir. Aunque este es mi segundo libro, no ha sido nada diferente a mi experiencia anterior. Puedo decir que he enfrentado las mismas luchas. No sé cuál sea la experiencia de otros autores, pero esta ha sido la mía. La idea de escribir este libro surgió en diciembre del 2019, mientras estaba terminando mi primer libro. Lo primero que Dios imprimió de manera clara en mi mente y espíritu fue el título "*El problema de la iglesia y cómo resolverlo*". Eso era claro en mi mente y no tenía dudas sobre ello. Pero durante el proceso de escribir, y especialmente semanas antes de redactar las últimas páginas, cuando estaba a punto de finalizar este manuscrito, empezaron a bombardear en mi mente una serie de preguntas que me hicieron tambalear por unos días y en cierto modo desistí de escribir. Estas eran algunas de las preguntas que vinieron a mí ¿En verdad vale la pena publicar un libro como este? ¿Qué valor e impacto tendrá en la vida de la iglesia? ¿Será esta la voluntad de Dios? ¿Será esto lo que Dios quiere decirle a su iglesia hoy? ¿Serán estas sólo ideas mías? Todas estas preguntas son lógicas, correctas y creo necesarias. Me hicieron tambalear cuando consideré todo lo que se está predicando hoy en muchas iglesias, porque es en cierto modo contrario al mensaje que Dios me ha dado aquí. Ver la pasividad y la comodidad en la cual se encuentra la iglesia hoy es desalentador. Sobre todo, ver que la gran mayoría de creyentes e iglesias están contentos como están, y escuchar que la gran mayoría esperan regresar a la normalidad, para seguir haciendo lo mismo, casi me hacían desistir. Y aun me pregunté ¿Será que estoy viendo de más? ¿Por qué los predicadores famosos no dicen nada de esto? ¿Por qué en las mega iglesias parece que todo va bien? Por lo tanto, tuve que preguntarle a Dios: "Señor, necesito que tú me hables y me digas y confirmes que esto es lo que tú quieres que yo diga y haga. Aunque he trabajado mucho en este proyecto y he invertido muchas horas escribiendo, aun así, estoy decidido que si no es tu voluntad que este libro se publique, no lo publicaré. Háblame, dame una señal, dime que hacer". Aunado a esto, mi condición de salud había empeorado, estaba desesperanzado. Pasaron unos días y nada sucedía. Aun así, seguía escribiendo y avanzando, aunque a un ritmo mucho más lento, puesto que todavía no tenía la respuesta de Dios y no sabía lo que pasaría. La respuesta de Dios llegó de manera inesperada. Recientemente había dedicado cierto tiempo para escuchar mensajes del Dr. Martyn Lloyd Jones, y me habían edificado en gran manera. Un domingo de mayo del año 2021, mientras me encontraba sentado en mi carro fuera del estacionamiento de un 7-Eleven, buscando en mi teléfono en YouTube, apareció un mensaje del Dr. Jones titulado: "*El Sermón del Monte, Introducción General*". Lo empecé a escuchar mientras manejaba a casa, y en los primeros seis minutos de escuchar, Dios me dio la confirmación que necesitaba. El Señor contestó mi oración y confirmó su voluntad de que este escrito se publicara ¡Gloria sea a su nombre! Lo alabo por su misericordia. Estas son las palabras que escuché del Dr. Jones en su mensaje aquel día mientras él predicaba una serie basada en el Sermón del Monte:

> "Creo que la razón específica de que lo vaya a hacer *es la condición en que se encontraba la iglesia cristiana en esos tiempos.* No me parece que sea juzgar con dureza decir que la característica más obvia de la vida de la iglesia cristiana de hoy es por desgracia *su superficialidad.* Esta apreciación se basa no sólo en observaciones actuales, sino todavía más en observaciones hechas a la luz de épocas anteriores de la vida de la iglesia. Nada hay más saludable para la vida cristiana

que leer la historia de la iglesia, que volver a leer lo referente a los grandes movimientos del Espíritu de Dios, y observar lo que ha sucedido en la iglesia en distintos momentos de su historia. Ahora bien, creo que cualquiera que contemple el estado actual de la iglesia cristiana a la luz de ese marco histórico, llegará a la conclusión indeseada de que la característica destacada de la vida de la iglesia de hoy es, como he dicho ya, *la superficialidad*. Cuando digo esto no sólo pienso en la vida y actividad de la iglesia en un sentido evangelizador, a este respecto me parece que todos estarían de acuerdo en que *la superficialidad* es la característica más obvia. Pienso no sólo en las actividades evangelizadoras modernas en comparación y contraste con los grandes esfuerzos evangelizadores de la iglesia en el pasado. La tendencia actual a la vocinglera por ejemplo y el empleo de recursos que hubieran horrorizado y escandalizado a nuestros padres. Pienso también en la vida de la iglesia en general, de ella se puede decir lo mismo, incluso en materias como su concepto de la santidad y su enfoque en la doctrina de la santificación. Lo importante es que descubramos las causas de esto. En cuanto a mí, sugeriría que una causa básica es la actitud que tenemos respecto a la Biblia, nuestra falla en tomarla en serio, en tomarla como es y en dejar que nos hable. Junto a esto quizás está nuestra tendencia invariable a ir de un extremo a otro. Pero lo principal, me parece, es la actitud que tenemos respecto a las Escrituras. Permítanme explicar con algo más de detalle qué quiero decir con esto. Nada hay más importante en la vida cristiana que la forma en que tratamos la Biblia y la forma en que la leemos; es nuestro texto, nuestra única fuente de fe, nuestra única autoridad. Nada sabemos de Dios y de la vida cristiana en un sentido verdadero sin la Biblia. Podemos sacar conclusiones de la naturaleza y posiblemente de varias experiencias místicas por medio de las que podemos llegar a creer en un Creador supremo y divino. Pero creo que la mayoría de los cristianos están de acuerdo, y esta ha sido la persuasión tradicional a lo largo de la historia de la iglesia: que no hay autoridad aparte de este libro. No podemos depender sólo de experiencias subjetivas porque hay espíritus malos, además de los buenos, y hay experiencias falsas. Ahí, en la Biblia, está nuestra única autoridad". (Grabación de YouTube).[1]

Con estas palabras, Dios confirmó la necesidad de un libro como el que usted está leyendo. En este preciso momento de la historia, la iglesia necesita cambio. ¿Cómo fue esto una confirmación para mí? Es simple, si el Dr. Martyn Lloyd Jones se vio en la necesidad de predicar una serie de mensajes del Sermón del Monte en el siglo pasado debido a la superficialidad de la iglesia en aquel entonces, imagínese la necesidad de la iglesia ahora que no ha mejorado, sino que ha ido de mal en peor. Después de esto, estaba claro en mi mente, tenía la seguridad y certeza de que esta era la voluntad de Dios y que debería seguir adelante hasta el final. El Señor habla y sigue hablando, el problema es que no hemos estado escuchando lo que el Espíritu ha estado diciendo a la iglesia. Espero que estén abiertos sus oídos y que su corazón esté dispuesto para escuchar la voz de Dios. Dispongámonos pues para escuchar lo que Dios quiere decirnos hoy, y él bendecirá nuestras vidas, familias y ministerios en gran manera, para su gloria, amén.

¿De qué trata este libro? Trata de estudiar la condición actual de la iglesia, del por qué estamos en la condición que estamos, con la única finalidad de encontrar la solución al problema que la aflige. Una vez descubierto el problema y encontrada la solución, hago un llamado a un genuino arrepentimiento y a humillarnos delante de Dios a quien hemos ofendido, con la esperanza de encontrar y recibir de parte de él perdón, restauración, sanidad, paz y gozo en el Espíritu Santo.

Si usted se pregunta: ¿cómo este libro puede ser la solución al problema de la iglesia? ¿Acaso es mágico? No, no lo es. Debemos saber que ningún problema se resuelve solo. Si tiene un problema, el único que puede resolverlo es usted. Primero tiene

---

1 Martyn Lloyd-Jones - El Sermón del Monte - 1 Introducción General (en la voz de Mauricio Mogro Vásquez)

que identificar el problema, luego buscar la solución y posteriormente dar los pasos necesarios hacia la solución. *Todo problema tiene solución, siempre y cuando haya reconocimiento, disposición y acción.* Este libro *no es* la solución en sí al problema que discutiremos aquí. El objetivo de este libro es guiarnos a Aquel que es la solución. Lo primero que haremos aquí es identificar y reconocer nuestro problema y en segundo lugar llevarnos a Aquel que es la solución. El propósito e intención es persuadir al mayor número de creyentes a volver a Dios porque él es nuestra única esperanza. ¿Cómo podemos volver a Dios? No a través de un simple arrepentimiento, sino a través de un arrepentimiento profundo, sincero, y genuino. Cada vez que el pueblo de Dios se apartaba de él, el Señor les llamaba insistentemente a volver a él. Esa era la demanda de Dios a su pueblo en el pasado, y esa es la demanda de Dios a su pueblo ahora. Esa acción, aunque parezca simple, no lo es, porque requiere de un morir, un renunciamiento total a aquello que anhelamos de este mundo. Es por eso que nos cuesta tanto regresar a Dios, porque nadie está dispuesto a morir a sus deseos, planes y propósitos. Arrepentirse hiere el orgullo, ofende al ego y desagrada a la carne. El arrepentimiento es para aquellos que han entendido lo esencial y vital que es Dios en toda nuestra manera de vivir. Es más, nos arrepentiremos sólo cuando entendamos que sin Dios no podemos vivir, y que nada podemos hacer sin él (Juan 15:5).

> Ahora bien, creo que cualquiera que contemple el estado actual de la iglesia cristiana a la luz de ese marco histórico, llegará a la conclusión indeseada de que la característica destacada de la vida de la iglesia de hoy es, como he dicho ya, la superficialidad.
>
> — *Dr. Martyn Lloyd Jones*

Es mi deseo que todo creyente y especialmente los pastores y líderes puedan leer este libro. Porque somos nosotros los responsables ante Dios de transmitir al pueblo sus enseñanzas, y es en nosotros por donde el cambio y el avivamiento deben empezar. Somos los primeros que debemos arrepentirnos y escuchar la voz de Dios. Debo mencionar que este libro no es un ataque o crítica a los pastores. Mi propósito en sí es ayudarnos a entender mejor nuestra misión y nuestra condición ahora. Descubriremos en el proceso que somos responsables delante de Dios de predicar un Evangelio puro, bíblico, tal y cual él lo enseñó. Meditemos y reflexionemos seriamente si hemos cumplido o no con la misión que Jesús nos encomendó. Si como pastor o creyente está cumpliendo fielmente el llamado de Dios y no tiene nada de qué avergonzarse, ¡gloria al Señor!, siga firme y adelante. Pero si consideramos que hemos fallado y no hemos sido fieles, entonces es necesario arrepentirnos, pedirle perdón a Dios y suplicarle que nos ayude a volver al camino correcto de dónde nos hemos apartado.

Este libro es para los cristianos serios y comprometidos. Sólo ellos reconocen la condición de la iglesia hoy, y solamente ellos estarán dispuestos a hacer algo al respecto. Los que no son serios ni están dispuestos no tardarán mucho en abandonarlo porque los confrontará con su pecado, con su tibieza y frialdad, y se sentirán ofendidos. Es precisamente por eso que son cristianos débiles e inmaduros, porque no se les puede hablar la verdad con sinceridad. Al escribir esto no pretendo ser mejor que nadie, simplemente quiero ser fiel al llamado de Dios y a mi compromiso con él. Me atrevo a escribir esto porque cuando recibí el llamado de Dios a predicar su Evangelio, hice un compromiso con él. Le dije: "Iré a dónde tú me mandes, hablaré lo que tú me hables y haré lo que tú me ordenes". Esto es lo que Dios me ha mandado a hacer y a decir ahora. Es evidente que el comportamiento de la iglesia, generalmente hablando, no es lo que Cristo pretendió que fuera. Por lo tanto, necesitamos un despertamiento o avivamiento. No hay otra solución. Es la única manera de sacar a la iglesia del sumidero en el cual se encuentra. ¿Por qué digo que necesitamos un avivamiento? Porque estamos fríos y apagados. Le diré como lo sé, y juzgue por usted mismo. Hoy en día hay que rogarles, o empujar aun, a los que se dicen ser creyentes para que asistan y escuchen un sermón de cuarenta y cinco minutos. Según los estudios, la gente se distrae si les habla más de ese tiempo. Así que los asistentes se sientan cómodamente (y muchos se duermen literalmente) con reloj en mano, y le dicen al predicador "tienes tanto tiempo para decir lo que quieres decir y si no, perdiste tu oportunidad, porque nosotros nos vamos termines o no". ¿Cómo se explica ese comportamiento? ¿Cómo explica que hay más interés en los deportes y el cine que en la iglesia? ¿Por qué una persona puede pasar viendo un juego de pelota, o cualquier otra cosa, en su televisor por horas y en la iglesia se aburre y pierde el interés rápidamente? Compare el número de asistentes y el ánimo de los asistentes a las iglesias y a los estadios deportivos o centros de espectáculos. ¿Cuántos llegan a su iglesia animosos, contentos y emocionados por tener la oportunidad y la libertad de congregarse para adorar a Dios, recibir sus enseñanzas y edificarse unos a otros? ¡Qué diferentes las historias que se cuentan de creyentes dónde la iglesia es perseguida, dónde para asistir a escuchar un mensaje de la palabra de Dios arriesgan hasta sus vidas! Ellos no van pensando a dónde van a ir a comer después que salgan, o si llevan los zapatos combinados al color de su vestido. En un avivamiento la gente no se preocupa por esos detalles, está dispuesta a viajar largas distancias, a pasar horas escuchando y viendo el poder de Dios. No es problema estar de pie, o que esté nublado o soleado. Todas esas cosas externas no afectan ni quitan el ánimo y el deseo de estar en la presencia de Dios. Los pastores sabemos que, si llueve el día del servicio, si hace frio o calor, ese día el número de asistentes disminuirá drásticamente. O si hay un juego programado a la hora del servicio, muchos no vendrán a la iglesia ese día, prefieren quedarse en casa.

No deberíamos aceptar como normal toda esta frialdad e indiferencia en los creyentes, y más trágico aún, en los mismos pastores y ministros del evangelio, porque no lo es. El avivamiento es obra de Dios y se producirá cuando la predicación cumpla estos tres propósitos u objetivos básicos: "humille al pecador, exalte al Salvador y promueva la santidad".[2] Así lo escribió el pastor David Helm en su libro "La predicación expositiva", citando al gran predicador inglés del siglo XVII, Charles Simeón. Es verdad, no tendremos avivamiento predicando mensajes de prosperidad,

---

2 David Helm, *La predicación expositiva. Cómo proclamar la palabra de Dios hoy*. 9Marks. Washington, D. C., 2014 (p. 13).

avivando la avaricia y el ego del ser humano. Es más, es por esa clase de mensajes que la iglesia está sumida en esta condición. A. W. Tozer escribió en su libro "*La búsqueda de Dios*" lo siguiente:

> "Los que tienen verdadera sed de Dios no se contentan hasta que no beben de la fuente de Agua Viva. Esta genuina sed y hambre de Dios es el único precursor de avivamientos en el mundo religioso".
> "La exposición sana y correcta de la Biblia es imperativa en la iglesia del Dios vivo. Sin ella ninguna iglesia puede ser una iglesia neotestamentaria en el estricto sentido del término. Pero, dicha exposición puede hacerse de manera tal que deja a los oyentes vacíos de verdadero alimento espiritual. Las almas no se alimentan sólo de palabras, sino con Dios mismo, y mientras los creyentes no encuentren a Dios en una experiencia personal, las verdades que escuchen no les harán ningún bien. Leer y enseñar la Biblia no es un fin en sí mismo, sino el medio para que lleguemos a conocer a Dios, y que podamos deleitarnos con su presencia y gustemos cuan dulce y grato es sentirle en el corazón".[3]

En 2 Timoteo 1:6, Pablo escribió: *"Por lo cual* ***te aconsejo que avives el fuego del don de Dios que está en ti*** *por la imposición de mis manos"*. El apóstol exhorta a su discípulo a avivar el fuego del don de Dios que está dentro de él. No es algo que alguien más tiene que traer, sino que es algo que ya está dentro. Y sólo usted lo puede hacer, esto es, usted decide que hacer con ese fuego que ya está en usted, el don de Dios (la fe); o deja que se apague o lo aviva. Oh, yo sé que hay muchos corazones donde el fuego de Dios ya casi se extingue. Es una muy débil y pequeña llama, pero está ahí todavía. No se ha apagado del todo, aún hay esperanza. No espere que otro venga y lo avive, avívese usted. ¿Cómo se aviva un fuego? Así como un fuego físico, así también el fuego espiritual, proveyéndolo de combustible (leña) y oxígeno (aire).

---

3 A. W. Tozer, *La búsqueda de Dios*. The Moody Bible Institute of Chicago. Chicago, Illinois, 1977 (p. 7, 9).

La leña y el aire espiritual son: la palabra de Dios, la oración, y el Espíritu Santo. Vuelva y dedíquese a la palabra de Dios, métase a la oración y llénese del Espíritu Santo, y el fuego de Dios empezará en usted. No permita que se apague el don de Dios que está en usted, no. Avívese, en el nombre de Jesús. Amén.

Señor, esta obra es tuya porque tú me la diste, ahora la entrego en tus manos. Haz de ella lo que bien te parezca. En el nombre de Jesús. Amén.

Oscar Tacuba, mayo del 2021

PRIMERA PARTE

EL PROBLEMA DE LA IGLESIA

I. LA NACIÓN QUE DIOS FORMÓ

Israel

El Dios que creó todas las cosas y formó al hombre a su imagen y semejanza prometió redimirlo después que este le desobedeció en el jardín del Edén. ¿Cómo lo haría? Eso aún estaba por revelarse. Tenía un plan perfecto. Escogió y estableció un pueblo y formó una nación. Primero escogió a un hombre de entre todos los pueblos, este hombre fue Abraham. Lo sacó de Ur de los caldeos y formó una nación de él, Israel. El Señor empezó a revelar sus planes y propósitos de manera progresiva. ¿Qué tiene que ver esto con nosotros? Mucho, en gran manera. Una de las primeras promesas, y pudiera decir la más grande promesa hecha por Dios a Abraham, es la que se encuentra en Génesis 12:1-3:

> "[1] *Pero Jehová había dicho a Abram: Vete de tu tierra y de tu parentela, y de la casa de tu padre, a la tierra que te mostraré.* [2] ***Y haré de ti una nación grande, y te bendeciré, y engrandeceré tu nombre, y serás bendición.*** [3] *Bendeciré a los que te bendijeren, y a los que te maldijeren maldeciré;* ***y serán benditas en ti todas las familias de la tierra***".

Dios se proponía bendecir a todas las familias de la tierra por medio de Abraham y sus descendientes (aquí es donde entramos nosotros). La promesa había sido hecha por el Señor. Sólo era cuestión de tiempo para que esto se cumpliera y se cumplió. Los descendientes de Abraham llegaron a ser una nación en Egipto, pero había un problema, su pueblo había sido esclavizado por los egipcios y de esa forma no podía usarlos. El plan perfecto de Dios apenas empezaba a mostrarse. Se dispuso a liberarlos, no de una forma típica o común, sino de una manera especial. No mediante el uso de fuerza humana, sino a través de su mano poderosa e invisible. Era algo sobrenatural.

Una vez que Dios liberó a su pueblo de la esclavitud, lo llevó por el desierto y le reveló su voluntad y su propósito por medio de leyes y mandamientos que servirían para mantener la comunión entre él y su pueblo. Había una demanda, ellos tenían que ser diferentes a los demás pueblos de la tierra. No podían ni debían comportase como las demás naciones que no conocían a Dios. Ahora eran una nación santa, un pueblo adquirido por Dios (1 Pedro 2:9) y le representarían a él y, de esa manera, bendeciría al mundo a través de ellos.

La demanda de Dios a su pueblo

He aquí la demanda de Dios a su pueblo. Deuteronomio 10:12-13 dice: "[12] *Ahora, pues, Israel, ¿qué pide Jehová tu Dios de ti,* ***sino que temas a Jehová tu Dios, que andes en todos sus caminos, y que lo ames, y sirvas a Jehová tu Dios con todo tu corazón y con toda tu alma;*** [13] ***que guardes los mandamientos de Jehová y sus estatutos, que yo te prescribo hoy, para que tengas prosperidad?***"

En primer lugar, Dios pide a su pueblo que le teman (Proverbios 8:13 enseña que el temor a Dios es aborrecer el mal). Esto habla de santidad. Dios quiere *que sean santos*. En segundo lugar, Dios pide que anden en todos sus caminos y que lo amen y sirvan con todo su corazón y con toda su alma. Esto habla de fidelidad. Dios quiere *que sean fieles*, es decir que no sirvan a otros dioses. En tercer lugar, les pide que guarden sus estatutos y mandamientos. Esto habla de obediencia. Dios quiere *que sean obedientes*. Estas son las demandas que esencialmente Dios hace a su pueblo: *santidad, fidelidad y obediencia*. Estas demandas están interrelacionadas o ligadas entre sí. No se puede ser santo si no sé es fiel y obediente, y viceversa. Y para lograr ser santo, fiel y obediente a las demandas de Dios, es necesario ser *esforzado y valiente*. Estas son las demandas y los requisitos indispensables que Dios pide a su pueblo escogido.

Para satisfacer las demandas de Dios y mantenerse puros y fieles ante él, toda la nación necesitaba esforzarse y tener valor, para no sucumbir ante las demandas del mundo que les rodeaba. El Señor les prometió *protección* y *provisión*. Pero si no cumplían con su demanda, entonces sufrirían las consecuencias devastadoras de la desobediencia. La decisión era de ellos. Dios les dio la libertad de escoger. Puso todas las cartas sobre la mesa. Él es bueno y misericordioso, y siempre lo será. No debemos culparlo por las calamidades y aflicciones que vienen a nuestras vidas y al mundo entero, son sólo el resultado de nuestra elección. Dios nunca ha obligado a nadie a servirle, ni lo hará, aunque bien puede hacerlo. Si Israel quería recibir los beneficios de la obediencia, deberían ser puros y santos y no caer ante las tentaciones y prácticas de los pueblos paganos, las cuales Dios les había prohibido.

Más tarde, el Señor dio estas instrucciones a un hombre llamado Josué. En ellas le expuso claramente la única manera en que tendría éxito en su misión. Prestemos atención a dichas instrucciones porque es también la única forma en que nosotros podemos cumplir con éxito nuestra misión. En Josué 1:5-9 leemos: "[5]*Nadie te podrá hacer frente en todos los días de tu vida; como estuve con Moisés, estaré contigo; no te dejaré, ni te desampararé.* [6] ***Esfuérzate y sé valiente;*** *porque tú repartirás a este pueblo por heredad la tierra de la cual juré a sus padres que la daría a ellos.* [7] ***Solamente esfuérzate y sé muy valiente, para cuidar de hacer conforme a toda la ley que mi siervo Moisés te mandó; no te apartes de ella ni a diestra ni a siniestra, para que seas prosperado en todas las cosas que emprendas.*** [8] *Nunca se apartará de tu boca este libro de la ley, sino que de día y de noche meditarás en él, para que guardes y hagas conforme a todo lo que en él está escrito; porque entonces harás prosperar tu camino, y todo te saldrá bien.* [9] ***Mira que te mando que te esfuerces y seas valiente;*** *no temas ni desmayes, porque Jehová tu Dios estará contigo en dondequiera que vayas*".

Piense conmigo por un momento. Si Dios le prometió a Josué que estaría a su lado siempre, ¿por qué le pidió que se esforzara y fuera valiente? ¿En qué necesitaba esforzarse? Dios prometió su presencia, y le entregó su Palabra, en la cual estaba expresa su voluntad. Dependía de Josué el esforzarse para leer, estudiar y meditar en ella para no olvidarla y poder cumplirla. Si desobedecía este simple mandamiento, entonces fallaría en cumplir el resto de los demás. Si eso sucedía, entonces Dios se alejaría y no caminaría más con él ¿Por qué? Simple, porque Dios no tolera el pecado. Al igual que Josué, nosotros vivimos en un mundo caído, tenemos enemigos físicos y espirituales, quienes harán todo lo posible por alejarnos y distraernos de lo que más importa: nuestra relación con Dios. Estos enemigos son: el mundo, el diablo y la carne. Las cosas no son diferentes con nosotros ahora. Al igual que Josué y cualquier otro personaje bíblico, tenemos las mismas demandas y los mismos enemigos, los cuales tenemos que enfrentar todos los días de nuestra existencia. Requerirá un esfuerzo de nuestra parte mantener la victoria. Esa es la razón del por qué no todos los cristianos viven y experimentan victoria en su vida diaria, porque han olvidado ser esforzados y valientes.

Es nuestra elección, caminamos con Dios o caminamos sin él. Si decidimos caminar con Dios, necesitaremos caminar en santidad, fidelidad y obediencia. De lo contrario, caminaremos solos y no llegaremos muy lejos. Nadie puede mantenerse puro y limpio en un mundo donde abunda el pecado, viviendo una vida descuidada y cobarde. Pero, no se preocupe, ni se desaliente, lo único que Dios necesita es nuestra disposición y voluntad, de lo demás él se encargará. Él nos dará las fuerzas y el poder necesarios para vencer toda tentación y obstáculo que enfrentemos en el camino. Es por eso que requiere que seamos puros para que él camine con nosotros.

Dios volvió a recordar su demanda a través de sus profetas en varias ocasiones. El profeta Miqueas escribió: "[6]*¿Con qué me presentaré a adorar al Señor, Dios de las alturas? ¿Me presentaré ante él con becerros de un año, para ofrecérselos en holocausto?* [7]*¿Se alegrará el Señor, si le ofrezco mil carneros o diez mil ríos de aceite? ¿O si le ofrezco a mi hijo mayor en pago de mi rebelión y mi pecado?* [8] ***El Señor ya te ha dicho, oh hombre, en qué consiste lo bueno y***

***qué es lo que él espera de ti: que hagas justicia, que seas fiel y leal y que obedezcas humildemente a tu Dios*"** (Miqueas 6:6-8) (DHH).

Son palabras tan claras que no necesitan una explicación. El profeta se dirige a quienes se supone ya sabían la demanda del Señor. Israel sabía que la obediencia agrada al Señor más que los sacrificios (1 Samuel 15:22-23). Esto también lo debemos saber nosotros, su iglesia, y no debemos ignorarlo. El mensaje es claro y simple: Dios nos pide hacer justicia, serle fieles y leales, y obedecerle humildemente. La Biblia revela esto una y otra vez; desafortunadamente lo hemos ignorado, consciente o inconscientemente.

El testimonio bíblico

En la Biblia Dios estableció leyes y principios físicos y espirituales para que por ellos se rigiera el universo, y para que los hombres pudiéramos vivir quieta y reposadamente. Una de ellas es la ley de la siembra y la cosecha. Simplemente funciona así: cosechamos lo que sembramos, sea bueno o malo. Todas nuestras obras producen algo. La ley de la siembra y la cosecha es universal, se cumple aquí y en cualquier parte del universo, en cualquier época de la historia y nadie la puede evitar. Todo lo que sembremos, eso cosecharemos. Lo creamos o no, así es y así será. Tomemos esta ley y veamos si se cumplió en la vida de algunos personajes bíblicos. Estudiemos la vida del sacerdote Elí y de los reyes Saúl y David y veamos qué sucedió en sus vidas y ministerios. Al leer sus historias, notamos que ellos tenían varias cosas en común. Estas son algunas: todos ellos fueron escogidos por Dios, fueron llamados por Dios y tuvieron la misma oportunidad de servir al Señor. También descubrimos que había otras cosas en común entre ellos, y eran estas: *descuido espiritual, amor por las cosas del mundo y arrogancia en sus corazones.* Todos ellos descuidaron su relación y comunión con Dios, dejaron de estar continuamente en presencia de Dios y, entonces, la soberbia llenó sus corazones y cometieron pecados graves. A algunos les costó hasta la vida, o al menos les produjo mucho dolor y sufrimiento. No fue de repente que perdieron el control de sus vidas y cometieron vileza, sino que lentamente, poco a poco, y sutilmente se fueron deslizando. Lo lamentable de cada uno de estos ejemplos es que no sólo ellos sufrieron, sino también aquellos a quienes dirigían sufrieron las consecuencias de sus malas acciones y decisiones. Esto es debido a que el líder juega un papel importante en todo aquello que dirige. De igual forma sucederá a cualquiera de nosotros si hacemos lo mismo que ellos, esto no es un secreto ni debería serlo. ¿Es esto cierto? Veámoslo a continuación…

Elí

1 Samuel 3:1 nos presenta un panorama claro de los que sucedía en aquel entonces: "*…y la palabra de Jehová escaseaba en aquellos días, no había visión con frecuencia*". Prestemos atención a esto porque se repetirá una y otra vez a lo largo de la historia, y cuando esto suceda en la vida de una persona o pueblo, será un día triste y lamentable. El sacerdote era el responsable de enseñar al pueblo la ley, pero Elí fue un sacerdote descuidado. Tanto él como sus hijos, tuvieron en poco la palabra de Dios. Es por eso que "*escaseaba la palabra de Dios por aquellos días*". Elí se olvidó de enseñar e instruir a sus hijos (Ofni y Finees) en el temor del Señor. Sus hijos no conocían a Dios (1 Samuel 2:12), y menospreciaban las ofrendas y el altar del Señor (1 Samuel 2:17). Incluso llegaron a cometer pecado de inmoralidad sexual con las mujeres que velaban a las puertas del tabernáculo de reunión (1 Samuel 2:22). ¿Qué hizo Dios? ¿Se quedó de brazos cruzados? No, Dios envió juicio a la casa de Elí y murió junto con sus dos hijos el mismo día (1 Samuel 4:17-18). Dios les advirtió por medio de un profeta, pero ellos no se quisieron arrepentir de su pecado. En 1 Samuel 2:29-30 leemos: "[29] *¿Por qué habéis hollado mis sacrificios y mis ofrendas, que yo mandé ofrecer en el tabernáculo;* ***y has honrado a tus hijos más que a mí,*** *engordándoos de lo principal de todas las ofrendas de mi pueblo Israel?* [30] *Por tanto, Jehová el Dios de Israel dice: Yo había dicho que tu casa y la casa de tu padre andarían delante de mí perpetuamente; más ahora ha dicho Jehová: Nunca yo tal haga,* ***porque yo honraré a los que me honran, y los que me desprecian serán tenidos en poco***".

Escuche bien las palabras de Dios: "***los que me desprecian y tienen en poco mis palabras, serán tenidos en poco también dice el Señor***". Eso es para estremecerse. Elí siendo el sacerdote consintió el pecado que sus hijos cometían en el mismo templo, y cometió el pecado de idolatría al amar y honrar más a sus hijos que a Dios (cuántos padres no están haciendo lo mismo hoy). Elí y sus hijos despreciaron a Dios. ¿Cómo despreciamos a Dios? No tenemos que decirlo con nuestra boca literalmente, lo hacemos con nuestros hechos, nuestras acciones lo demuestran. Despreciamos a Dios cuando hacemos caso omiso de su palabra, cuando no lo obedecemos, cuando simplemente lo ignoramos y cuando hacemos como si no hubiéramos escuchado nada. Eso es despreciar a Dios y tener en poco sus palabras.

¿Qué era lo que los hijos del sacerdote hacían en el templo? Robaban al pueblo y abusaban de su posición y autoridad (1 Samuel 2:12-36). Amaron más las cosas de este mundo y la vanidad de la vida antes que a Dios. Como sacerdote, Eli y sus hijos se equivocaron al pensar que siempre seguirían disfrutando de la "buena vida" y continuaron haciendo las cosas a su manera. Pensaron que Dios toleraría su pecado y que no haría nada al respecto; se engañaron a sí mismos. Olvidaron lo que dice Deuteronomio 28, que en resumen es la ley de la siembra y la cosecha (Gálatas 6:7). Esta es una advertencia seria para todos y cada uno de nosotros. Si estamos pecando y desobedeciendo a Dios deliberadamente, no saldremos bien librados de esto. No es que él no ve nuestras malas acciones o que se haga el desentendido, no. Dios ve y conoce todas y cada una de nuestras acciones. Pero como dice la Escritura: "*El Señor es paciente para con nosotros, no queriendo que ninguno perezca, sino que todos procedan al arrepentimiento*" (2 Pedro 3:9). "*¿O menosprecias las riquezas de su benignidad, paciencia y longanimidad, ignorando que su benignidad te guía al arrepentimiento?*" (Romanos 2:4). Seamos pues prudentes y arrepintámonos antes que sea demasiado tarde.

Creo que lo único que priva a los hombres para que se arrepientan delante de Dios es su orgullo. Y estos jóvenes, los hijos del sacerdote Elí, no se quisieron arrepentir, ni buscaron el perdón de Dios; por lo tanto, murieron en su pecado y por su pecado. En 1

Samuel 2:25 leemos que Jehová había resuelto hacerlos morir, por eso no escucharon a su padre cuando los reprendió. Sería un error culpar a Dios por la desgracia de esta familia sacerdotal, porque se deduce y se entiende que esta no fue la primera vez que su padre les reprendió o les llamó la atención. Lo que estos hombres estaban haciendo no era algo secreto; todo el pueblo de Israel lo sabía. Es muy probable que llevaran años cometiendo este tipo de pecado y que hubieran endurecido su corazón hasta que llegó el punto donde Dios los abandonó a su suerte. Fue tanta su obstinación que Dios no toleró más el asunto. Ese es el grave peligro que corre cualquier persona que escucha y no obedece la voz de Dios cuando él le habla. El corazón se endurece y después no hay forma de cambiarlo. Llegar hasta ese punto es el estado más lamentable para cualquier ser humano porque lo que sigue es el juicio de Dios.

Saúl

Leamos un poco del trasfondo en 1 Samuel 8:4-8. Allí dice: "[4] *Entonces todos los ancianos de Israel se juntaron, y vinieron a Ramá para ver a Samuel,* [5] *y le dijeron: He aquí tú has envejecido, y tus hijos no andan en tus caminos; por tanto, constitúyenos ahora un rey que nos juzgue, como tienen todas las naciones.* [6] *Pero no agradó a Samuel esta palabra que dijeron: Danos un rey que nos juzgue. Y Samuel oró a Jehová.* [7] *Y dijo Jehová a Samuel: Oye la voz del pueblo en todo lo que te digan; porque no te han desechado a ti, sino a mí me han desechado, para que no reine sobre ellos.* [8] *Conforme a todas las obras que han hecho desde el día que los saqué de Egipto hasta hoy, dejándome a mí y sirviendo a dioses ajenos, así hacen también contigo*".

Israel pidió rey a Dios, y rey les dio. Saúl hijo de Cis, de la tribu de Benjamín, fue el hombre escogido por Dios para ser el primer rey de Israel aunque era pequeño e insignificante ante sus propios ojos y los del pueblo (1 Samuel 15:17). Pero nadie es insignificante ante los ojos de un Dios tan amoroso como Jehová, porque él nos creó a su imagen y semejanza, y él nos ama con amor eterno. Lamentablemente, este hombre que Dios sacó del anonimato y lo puso por príncipe sobre su pueblo, muy pronto desobedeció y no guardó la palabra que el Señor le había mandado. En 1 Samuel

13:13 se lee lo siguiente: "*Entonces Samuel dijo a Saúl: Locamente has hecho; no guardaste el mandamiento de Jehová tu Dios que él te había ordenado; pues ahora Jehová hubiera confirmado tu reino sobre Israel para siempre. Eso no fue todo, Saúl volvió a desobedecer una segunda vez, en otra misión que el Señor le había encomendado*". En 1 Samuel 15:16-23 leemos: "[16] *Entonces dijo Samuel a Saúl: Déjame declararte lo que Jehová me ha dicho esta noche. Y él le respondió: Di.* [17] *Y dijo Samuel: Aunque eras pequeño en tus propios ojos, ¿no has sido hecho jefe de las tribus de Israel, y Jehová te ha ungido por rey sobre Israel?* [18] *Y Jehová te envió en misión y dijo: Ve, destruye a los pecadores de Amalec, y hazles guerra hasta que los acabes.* [19] *¿Por qué, pues, no has oído la voz de Jehová, sino que vuelto al botín has hecho lo malo ante los ojos de Jehová?* [20] *Y Saúl respondió a Samuel: Antes bien he obedecido la voz de Jehová, y fui a la misión que Jehová me envió, y he traído a Agag rey de Amalec, y he destruido a los amalecitas.* [21] *Mas el pueblo tomó del botín ovejas y vacas, las primicias del anatema, para ofrecer sacrificios a Jehová tu Dios en Gilgal.* [22] *Y Samuel dijo: ¿Se complace Jehová tanto en los holocaustos y víctimas, como en que se obedezca a las palabras de Jehová? Ciertamente el obedecer es mejor que los sacrificios, y el prestar atención que la grosura de los carneros.* [23] *Porque como pecado de adivinación es la rebelión, y como ídolos e idolatría la obstinación.* ***Por cuanto tú desechaste la palabra de Jehová, él también te ha desechado para que no seas rey***".

Saúl fue desechado por haber despreciado a Dios y su palabra. Pero, además, cuando fue reprendido por el profeta Samuel, amó más la vanidad y la honra de los hombres que la honra que viene de Dios. 1 Samuel 15:24 leemos: "*Entonces Saúl dijo a Samuel: Yo he pecado; pues he quebrantado el mandamiento de Jehová y tus palabras,* ***porque temí al pueblo y consentí a la voz de ellos.*** *Perdona, pues, ahora mi pecado*.... Luego en el verso 30, volvió a decir: "*Yo he pecado; pero* ***te ruego que me honres delante de los ancianos de mi pueblo y delante de Israel****, y vuelvas conmigo para que adore a Jehová tu Dios*".

Qué estado tan lamentable el de este hombre que buscó la honra de los hombres antes que la de Dios. Y cuando Dios levantó a otro hombre en su lugar, se llenó de envidia y orgullo, al grado que buscó con ansias acabar con la vida de aquel joven llamado David. (1 Samuel 18:6-30; 19:1-2). Finalmente, Saúl terminó suicidándose después de ser derrotado en una batalla (1 Samuel 31:1-13). Cuán lamentable es ver a un hombre a quien Dios le había dado honor y gloria, pero que por descuido terminó su vida así. Todo por haber menospreciado la palabra de Dios.

David

David fue el segundo rey de Israel. Aunque era menospreciado por sus hermanos y por muchos en Israel, pues sólo era un pastor de ovejas, Dios lo llamó y lo levantó cuando apenas era un muchacho (1 Samuel 16:1-13). Dios es especialista en sacar del anonimato a los olvidados y menospreciados de este mundo. Pero también David pecó delante del Señor. ¿Cómo sucedió? De la misma manera que en los casos anteriores, por descuido espiritual. Sucedió un día que David no fue a la guerra como solía hacer antes. Decidió quedarse en su palacio y en una tarde mientras se paseaba sobre el terrado de la casa real, vio a una mujer hermosa (Betsabé) que se estaba bañando. No sólo la miró de manera casual, sino que la codició en su corazón y la mandó traer para acostarse con ella. Después de su adulterio, la mujer quedó embarazada y ella le mandó la noticia al rey. ¿Qué hizo David? Pensó solucionar fácil y rápido su problema. Mandó llamar a Urías el marido de Betsabé quien estaba en la guerra junto con el ejército de Israel. Cuando Urías vino, el rey le convidó a su mesa, puso vino delante de Urías hasta que se embriagó y lo mandó a su casa para que tuviera relaciones con Betsabé su mujer. De esa manera pensó David que su pecado quedaría oculto y que nadie se daría cuenta, según él. Urías, aunque estaba borracho, se negó a tener deleite con su mujer mientras todos sus compatriotas estaban en el frente de batalla y no obedeció al rey en esto. ¿Qué hizo David cuando se enteró que Urías no quiso dormir con Betsabé? Mandó una carta al comandante de su ejército para que pusiera a Urías al frente de la batalla y que después se retiraran para que muriera en la guerra.

Al escuchar esta historia, pensaríamos que se trataba de un hombre muy malvado y perverso, que siempre había actuado así, lo cierto es que no. Hasta antes de esto, David se había comportado prudentemente, y había caminado en integridad delante de Dios. Digo esto porque, aunque seamos siervos de Dios, si nos descuidamos, terminaremos cometiendo pecados que jamás nos hubiéramos imaginado llegaríamos a cometer. David pensó que, por ser el rey, podía hacer lo que quisiera, cuando quisiera, y que nadie le podía confrontar por su pecado. Pero, Dios sabía de la maldad y el pecado que David había cometido y no iba a quedar impune, aunque fuera el rey. Dios envió al profeta Natán para confrontar a David por su pecado. En 2 Samuel 12:7-10 leemos: "[7] *Entonces dijo Natán a David: Tú eres aquel hombre. Así ha dicho Jehová, Dios de Israel: Yo te ungí por rey sobre Israel, y te libré de la mano de Saúl,* [8] *y te di la casa de tu señor, y las mujeres de tu señor en tu seno; además te di la casa de Israel y de Judá; y si esto fuera poco, te habría añadido mucho más.* [9] ***¿Por qué, pues, tuviste en poco la palabra de Jehová, haciendo lo malo delante de sus ojos?*** *A Urías heteo heriste a espada, y tomaste por mujer a su mujer, y a él lo mataste con la espada de los hijos de Amón.* [10] *Por lo cual ahora no se apartará jamás de tu casa la espada,* ***por cuanto me menospreciaste,*** *y tomaste la mujer de Urías heteo para que fuese tu mujer*".

Dios es justo, santo, poderoso, omnisciente; y todos los demás atributos que de él conocemos son reales. Él lo sabe todo, sin faltar ni un sólo detalle. En el rey David había pecado y no podía quedar oculta su maldad. Las consecuencias que esto trajo al rey David, a su descendencia y a toda la nación fueron devastadoras. Estoy seguro que David se lamentó después de haber recibido el pago como consecuencia de su pecado. Porque lo que al principio parecía placentero, se convirtió en amargo y desagradable. Y es así siempre que Satanás nos engaña con sus mentiras, haciéndonos creer que será agradable y divertido hacer lo incorrecto. Pero tengamos cuidado, nada de lo que hagamos, sea bueno o malo, quedará oculto para siempre; saldrá a la luz tarde o temprano. Lo que se siembra se cosecha sin importar quien lo siembra. La consecuencia de la obediencia será bendición y la consecuencia de la desobediencia será maldición. Para cualquiera que la practique en cualquier lugar del universo, así es y así será. Nadie la puede evitar, es la ley de la siembra y la cosecha.

Hasta aquí hemos visto brevemente en un sólo libro de la Biblia (Samuel) la vida de tres hombres escogidos de Dios: Elí, Saúl y David. Sus ejemplos son de gran utilidad para nosotros, ya que en sus vidas se repite el mismo patrón de conducta pecaminosa: menospreciaron la palabra de Dios, amaron la vanidad de la vida y dieron lugar al orgullo en su corazón. Estos ejemplos son suficientes para demostrar que Dios hace la misma demanda de cada uno de sus escogidos, no hay diferencia. Después de escuchar todo esto, la pregunta surgirá ¿Demanda Dios lo mismo hoy de cada uno de sus hijos?

¿Demanda Dios lo mismo hoy?

Por supuesto que sí. Tanto a Israel como a su iglesia, Dios les demanda lo mismo. ¿Tiene Dios dos pueblos? No, sólo tiene uno. Sean judíos o gentiles somos un sólo pueblo en Cristo (Efesios 2:11-22). Por lo tanto, Dios siempre demandará de su pueblo lo mismo: santidad, fidelidad y obediencia. ¿Por qué Dios tendría que cambiar su demanda a nosotros ahora si él es el mismo de ayer, hoy y siempre? ¿O no? ¿Rebajaría su estándar de santidad para nosotros? Por supuesto que no. Todos los escogidos de Dios sean patriarcas, reyes, profetas, apóstoles, y todo su pueblo, cada uno de ellos fueron llamados por el mismo Dios, con las mismas exigencias y demandas. No fue fácil, para ninguno de ellos después de haber recibido el llamado de Dios. Tuvieron que enfrentar oposición, y muchas veces de su propio pueblo y familia. A muchos les costó la vida porque vivían en un mundo y una cultura que era contraria a sus principios morales y espirituales. No fue como muchos predican hoy: "Ven a Cristo y se acabarán tus problemas". Más bien fue lo contrario, sus problemas aumentaron por obedecer a Dios. Pero aun así ellos se esforzaron, cobraron ánimo y Dios les dio la victoria contra sus enemigos y contra toda oposición que enfrentaron. Alguien podría decir, "eso fue en el Antiguo Testamento (AT), eso es la ley, y ya no estamos bajo la ley, sino bajo la gracia". Analice esto a la luz de la Palabra de Dios y se dará cuenta que la demanda de Dios a su pueblo es santidad, fidelidad y obediencia, tanto en el AT como en el Nuevo Testamento. ¿Acaso no es eso lo que Dios ha demandado de cada uno de sus siervos siempre? ¿Por qué entonces pretendemos que de nosotros no lo hará?

Lamentablemente, hoy se está predicando un evangelio falso y barato donde a nadie le cuesta nada. Se les dice a las personas: "Ven a Cristo y se acabarán todos tus problemas". Así que muchos vienen sólo porque ya no quieren tener problemas. Esto es un error, una mentira que pronto descubrirán y será peor cuando descubran que les mintieron. Es por eso que muchos hoy se dicen ser cristianos, pero con sus hechos lo niegan, no lo son. Hemos olvidado o tenemos temor de decir que Cristo, quien murió en la cruz y pagó el precio por nuestra salvación, demanda y exige de nosotros renunciar a los deseos de la carne y cargar la cruz todos los días (Lucas 9:23). Por eso no se ven cambios en las vidas de aquellos que se dicen ser creyentes. No se ven por ningún lado los frutos dignos de arrepentimiento de los cuales habló Juan el Bautista (Lucas 3:8). Nos conformamos sólo porque confesaron a Cristo y fueron salvos, y nada más. No se les exige más; no se les da un discipulado serio que exija compromiso. Hemos olvidado que desde el momento en que decidimos seguir a Cristo, se nos exige que vivamos una vida santa hasta que él nos llame a su presencia o regrese por nosotros en el Rapto de la iglesia. Bien advirtió William Booth el fundador del Ejército de Salvación *(The Salvation Army)*, al decir: "Considero que los principales peligros que enfrentará el próximo siglo serán: religión sin el Espíritu Santo, cristianismo sin Cristo, perdón sin arrepentimiento, salvación sin regeneración, política sin Dios y cielo sin infierno". Ese es el grave problema que enfrenta la iglesia del siglo XXI, se predica un cristianismo sin Cristo y sin compromiso, dónde cualquiera se dice ser cristiano, pero en verdad no lo es. Todos quieren los beneficios y las bendiciones que tenemos en Cristo, pero nadie quiere el compromiso que ello conlleva. Nadie quiere renunciar al mundo, ni morir al yo.

Dios demandaba y siempre demandará a su pueblo santidad, fidelidad y obediencia.

Recientemente he dedicado tiempo para escuchar los mensajes grabados del Dr. Billy Graham, quien fue el más grande evangelista de nuestro tiempo. En cada una de sus cruzadas, antes de llamar a las personas al altar, les hablaba del compromiso. Les advertía que si tomaban la decisión de seguir a Cristo, les costaría porque a algo o a alguien tendrían que renunciar. No podrían ser cristianos y seguir siendo los mismos y haciendo lo mismo. Tendrían que renunciar a todo aquello que a Dios no le agrada, eso es, al pecado. La primera demanda era que tomaran esa decisión aquí y ahora, en público, y si no estaban dispuestos a hacer tan sólo eso, entonces no podrían seguir a Cristo. Si se avergonzaban de confesar públicamente a Cristo, ¿cómo podrían cumplir otra demanda que él hiciera de ellos? Como ve, se requiere valor para tomar la decisión de seguir a Cristo. Es necesario morir al yo, al orgullo, al qué dirán, etc.; por lo tanto, cuesta y no todos están dispuestos a pagar el precio de la humillación. Esto no quiere decir que Cristo nos humilla, sino que es humillante reconocer que somos pecadores. Hiere nuestro orgullo y desagrada a nuestro ego aceptar la verdad de que estamos mal y que necesitamos a Dios. Pero, la humillación es el prerrequisito para que Cristo pueda vivir en nosotros y para que nuestras vidas puedan ser cambiadas.

No podemos ni debemos ignorar que había una demanda. Dios demandaba y siempre demandará a su pueblo santidad, fidelidad y obediencia. Tanto a Israel como a la iglesia, demanda lo mismo. Esto es justo y necesario. ¿Por qué digo esto? Porque de lo contrario, ¿qué diferencia habría entre el pueblo de Dios y el mundo y entre el creyente y el no creyente? Por lo tanto, es justo que el pueblo que se dice ser de Dios sea como él. Una y otra vez Dios ha declarado: "*Santificaos, pues, y sed santos, porque yo Jehová soy vuestro Dios*" (Levítico 20:7, 26; 11:44-45; 19:2). La nación entera o el individuo deben vivir como es digno del llamamiento para que puedan ser llamados hijos del Dios Altísimo, el cual es Santo. Debemos pues ser santos en toda nuestra manera de vivir

(1 Pedro 1:15). Esto es en nuestra manera de vestir (Deuteronomio 22:5), de comer (Levítico 11), de adorar y servir a Dios (Éxodo 20:1-17; Levítico 21), en el matrimonio (Levítico 18), en los negocios (Deuteronomio 25:13-16), etc., etc. En cada una de las áreas y aspectos de la vida humana, estas son las demandas de Dios para su pueblo escogido. Entendámoslo, el hecho de que estemos viviendo bajo la gracia del Nuevo Pacto, no nos da derecho ni permiso para vivir una vida desordenada (Gálatas 5:1, 13; 1 Pedro 2:15-16). Su Espíritu nos anhela celosamente (Santiago 4:5; 1 Corintios 3:16-17) y demanda que seamos santos en todo tiempo. El mensaje de Dios es consistente de principio a fin, desde Génesis hasta Apocalipsis.

Entonces hay algo claro en la Biblia y es esto: Dios demanda a su pueblo, *a todo su pueblo, santidad, fidelidad y obediencia* y que haga justicia en la tierra. Pero si nos olvidamos de buscarle y menospreciamos su Palabra, no habrá temor de Dios en nuestro corazón y nos olvidaremos de hacer justicia. Si esto sucede, cometeremos cualquier clase de pecado y no percibiremos el mal que cometemos. Es trágico que en el pueblo de Dios sucedan estas cosas. Esto no es nuevo, ni debería extrañarnos, porque ha sucedido una y otra vez en la Biblia, y sucederá una vez más en nosotros si descuidamos nuestra relación con él. No digo esto con la intención de que nos sintamos bien y nos acomodemos creyendo y aceptando este comportamiento como normal. Lo hago con la intención de que nos humillemos, nos arrepintamos y seamos más cuidadosos en lo que permitimos en nuestras vidas. Después de todas las advertencias y ejemplos claros que tenemos en la palabra de Dios, no se debe repetir en nosotros la misma historia. Pablo escribió en Romanos 15:4, "*porque las cosas que se escribieron antes, para nuestra enseñanza se escribieron...*". Aprendamos y no cometamos el mismo error. No nos demos por vencidos sin siquiera haber intentado y dado nuestro mejor esfuerzo, ni tampoco usemos la excusa barata de que nadie lo ha logrado, porque eso es una mentira. Han existido personas piadosas que lo han dado todo por Dios. Usted y yo podemos ser uno de ellos si queremos y estamos dispuestos en verdad a pagar el precio de seguir a Cristo y no mirar atrás. La historia atestigua que ha habido avivamientos a lo largo de los siglos después del Pentecostés y Dios puede hacerlo otra vez. Le sugiero que escuche el canto titulado "*Buscadme y viviréis*" de Marcos Vidal[1] el cual expresa de manera magistral la demanda de Dios a su pueblo.

Dios está llamándonos al arrepentimiento, a volver a él, y a renovar nuestro compromiso con él. ¿Alguien está escuchando? Más importante aún, ¿alguien responderá al llamado de Dios hoy con arrepentimiento sincero? ¿Seguirá Dios esperando? ¿Cuánto más tiene que esperar?

---

1 *Buscadme y Viviréis*, Marcos Vidal. Link: https://youtu.be/n-K3wqKOpTM

II. LA IGLESIA Y SU MISIÓN

La iglesia

> "[15] *Él les dijo: Y vosotros,* ***¿quién decís que soy yo?*** [16] *Respondiendo Simón Pedro, dijo:* ***Tú eres el Cristo, el Hijo del Dios viviente.*** [17] *Entonces le respondió Jesús: Bienaventurado eres, Simón, hijo de Jonás, porque no te lo reveló carne ni sangre, sino mi Padre que está en los cielos.* [18] *Y yo también te digo, que tú eres Pedro,* ***y sobre esta roca edificaré mi iglesia; y las puertas del Hades no prevalecerán contra ella.*** [19] *Y a ti te daré las llaves del reino de los cielos; y todo lo que atares en la tierra será atado en los cielos; y todo lo que desatares en la tierra será desatado en los cielos*" (Mateo 16:15-19).

¿Qué es la iglesia? ¿Quiénes la conforman? Y ¿cuál es su misión? Aunque estas preguntas son simples y fáciles de responder para muchos, sin embargo, su importancia es fundamental. Es necesario saber quiénes somos (nuestra identidad) y por qué estamos aquí (nuestro propósito), para poder ser efectivos en nuestra misión. Según el texto anterior, la iglesia fue instituida por Dios. Jesús dijo: "*sobre esta roca edificaré* ***mi*** *iglesia*". Por lo tanto, la iglesia es propiedad de él. No le pertenece a ninguna religión o denominación determinada sino sólo a Dios. Cuando dijo: "***sobre esta roca***", se refirió a la declaración y revelación que Pedro acaba de confesar "*que Jesús es el Cristo, el Hijo del Dios viviente*". [Debo decir aquí que es un error lo que la Iglesia Católica Romana enseña diciendo que Pedro es la roca, cuando en todo el AT se enseña que Jehová es la Roca de Israel (Deuteronomio

32:15-18, 30-31; Salmos 89:26; 95:1). Además, ¿cómo puede Pedro ser la roca que sostiene la iglesia siendo un hombre y no Dios? La Roca es Cristo Jesús, no Pedro]. De ahí en adelante, todo aquel que confesara, como Pedro, que Jesús es el Cristo, sería miembro de su iglesia. De esa manera, la iglesia está formada por personas de diferente raza, pueblo, lengua y nación. Todo aquel que ha creído en Cristo Jesús como Salvador es miembro de su iglesia. Todo el que ha creído en Cristo Jesús y ha nacido de nuevo por el Espíritu es hijo de Dios (Juan 1:11-13). Dios estableció la iglesia en la tierra con el propósito de ser "*luz*" a las naciones y llevar el Evangelio a todo el mundo. Para que la iglesia pudiera llevar a cabo esta obra monumental, Dios envió su Espíritu Santo (quien es de la misma naturaleza que el Padre y que el Hijo) para capacitarla y llenarla de su poder, a fin de que cuando enfrentara oposición de cualquier índole, nada ni nadie pudiera detenerla, ni aun Satanás con todos sus demonios. Entonces podemos decir que la iglesia es el cuerpo de Cristo compuesto por millones de miembros de diferente raza, lengua, pueblo y nación (1 Corintios 12:27; Colosenses 1:18; Efesios 4:12; 5:23), empoderados con el Espiritu Santo para cumplir la misión de evangelizar y enseñar al mundo no creyente (a los inconversos).

La Misión o la Gran Comisión

Analicemos brevemente en que consiste la misión o la Gran Comisión que Jesús dejó encomendada a sus discípulos o a su iglesia según lo describe Mateo 28:18-20. Allí leemos:

> "[18] *Y Jesús se acercó y les habló diciendo:* ***Toda potestad me es dada en el cielo y en la tierra.*** [19] ***Por tanto, id, y haced discípulos a todas las naciones, bautizándolos en el nombre del Padre, y del Hijo, y del Espíritu Santo;*** [20] ***enseñándoles que guarden todas las cosas que os he mandado; y he aquí yo estoy con vosotros todos los días, hasta el fin del mundo. Amén***".

Después de leer lo anterior, entendemos que la misión de la iglesia no es una opción, ni es sólo el nombre de un departamento dentro de la misma. Ni consiste en sólo enviar dinero a los misioneros en diferentes partes del mundo. Toda la iglesia o cuerpo de Cristo es y debe ser misionera. Somos misioneros de la "*luz y la verdad*" a un mundo agonizante y necesitado, lleno de tinieblas y mentiras. La orden dada por nuestro Señor consta de ir y hacer discípulos continuamente. No se trata sólo de ir una vez, sino seguir yendo, una y otra vez. Pero antes de ir necesitamos saber el alcance de la misión y la fuente del poder y autoridad que él nos concedió. Él dijo: "*Toda potestad me es dada en el cielo y en la tierra*". Su autoridad es total y su poder es completo, tanto en lo espiritual como en lo material. Su poder y autoridad no tienen límites. No proceden de la tierra, ni de los hombres, sino del mismo trono de Dios. El Padre y Creador de todas las cosas, el Todopoderoso fue quien le dio todo el poder. Esta entrega de autoridad y poder de parte de Dios a nosotros era fundamental y necesaria, puesto que los hombres cuestionarían nuestra obra, tal y como lo hicieron con Jesús. Tener claro en nombre de quién hacemos lo que hacemos y decimos lo que decimos es esencial para cumplir la misión. Vemos que Jesús durante su ministerio terrenal fue cuestionado por los principales sacerdotes y los ancianos del pueblo de Israel sobre el por qué y con qué autoridad hacía lo que hacía. En Mateo 21:23 leemos: "*¿Con qué autoridad haces estas cosas? ¿Y quién te dio esta autoridad?*" Jesús no respondió sino que condicionó su respuesta, y ellos no pudieron responderle. Pero, nosotros sabemos con qué poder hizo todo lo que hizo y de dónde provenía su autoridad. El único que tiene poder tanto en el cielo como en la tierra es Dios el Padre; nadie más. Lo más maravilloso es que ha concedido a sus discípulos el mismo poder y autoridad para cumplir su misión.

La misión es global y abarca tanto lo celestial como lo terrenal y lo espiritual como lo material. No hay nada (lugar) ni nadie (persona) que esté fuera del alcance de su dominio. Debido a la magnitud de su autoridad y poder, podemos ir confiadamente a cualquier parte del mundo y a cualquier persona con el mensaje que se nos ha encomendado: Dios en Cristo ha reconciliado consigo al mundo no tomándoles en cuenta a los hombres sus pecados (2 Corintios 5:19). Desde que aceptamos a Cristo como nuestro Señor y Salvador, nos da una misión y todos sin excepción nos convertimos en misioneros. El llamado es de manera individual y colectiva a la vez. Nuestra misión es ir a donde nos ha mandado (al mundo) y hacer lo que nos ha pedido (predicar, enseñar y sanar a los enfermos). Cuando hayamos ido y hecho lo que se nos ha encomendado, entonces podremos decir que hemos cumplido con la misión.

La orden fue, ***Id***. Esto es ir fuera, ir a donde están los inconversos; ellos no van a venir. Hay que salir a anunciar el mensaje que se nos ha confiado. Aunque el mensaje es simple y muy sencillo, sin embargo, es poderoso. Tiene poder y ha cambiado la vida de aquellos que hemos creído. "*Porque la palabra de Dios es viva y eficaz, y más cortante que toda espada de dos filos; y penetra hasta partir el alma y el espíritu, las coyunturas y los tuétanos, y discierne los pensamientos y las intenciones del corazón*" (Hebreos 4:12). Los hombres necesitan saber que el reino de los cielos se ha acercado, y que si desean ser perdonados y entrar en el reino de Dios, necesitan arrepentirse de sus pecados (Mateo 3:1-2; 4:17). Si Jesús nos envía, entonces tenemos que *ir* (Juan 20:21-23; Mateo 10:1-5). En ninguna parte en la Biblia se dice que los no creyentes vendrían a nosotros. Nosotros debemos ir a ellos con el mensaje a dondequiera que se encuentren, hasta el último rincón de la tierra. No hay límites, y ya no queda mucho tiempo. Nuestra misión es mundial y aún no hemos terminado.

La siguiente pregunta es importante ¿Por qué Jesús nos envía cuando sabe que muchas de las naciones a las cuales nos envía tienen sus propias creencias, costumbres y tradiciones, y es prohibido, y casi imposible, predicarles una nueva doctrina? La respuesta es simple. Jesús nos envía porque él es la única esperanza de salvación y vida eterna que los hombres tenemos. Jesús sabe que los demás pueblos tienen su propia religión, pero no tienen salvación. Nadie será salvo por su religión. Todos los que serán salvos serán sólo por haber puesto su fe en Cristo. Más bien es por eso que él nos envía. Ellos lo necesitan al igual que nosotros. "*Dios no quiere que ninguno perezca, sino que todos procedan al arrepentimiento*" (2 Pedro 3:9). En Hechos 4:12 Pedro dijo: "*Y en ningún otro hay salvación; porque no hay otro nombre bajo el cielo, dado a los hombres, en que podamos ser salvos*". Sólo en Cristo Jesús hay salvación. Más claro no puede ser. Esa es suficiente razón para ir por todo el mundo y predicar el Evangelio. Aunque millones ya tienen su religión o sistema de creencias, no son salvos. Nadie podrá ser salvo delante de Dios, aparte de Cristo. Los primeros discípulos entendieron esta verdad y se esforzaron por cumplir la voluntad del Señor, aun cuando enfrentaron la oposición hasta de su mismo pueblo. ¿Estamos nosotros dispuestos a hacer lo mismo? Cuando entendamos la importancia y la necesidad de la predicación, iremos sin replicar. Vayamos y prediquemos.

La misión es global y abarca tanto lo celestial como lo terrenal y lo espiritual como lo material. No hay nada (lugar) ni nadie (persona) que esté fuera del alcance de su dominio.

La segunda parte del mandato fue: ***"Haced discípulos a todas las naciones"***. Hacer discípulos o discipular es la parte que más cuesta de la misión, la cual ha sido muchas veces desatendida e incluso olvidada en la iglesia. *Un discípulo no nace, se hace.* Cuesta trabajo hacer un discípulo. Se requiere invertir tiempo, dinero y esfuerzo; y no se hace de la noche a la mañana. Requiere sacrificio de nuestra parte. Hay que estar dispuestos a dejar a un lado la comodidad y las distracciones y tener compasión y amor por los perdidos y necesitados de este mundo (Mateo 9:35-38). Entendemos que Dios es quien da el crecimiento, pero son los discípulos quienes van sembrando la semilla por todas partes para que se reproduzca en los corazones de aquellos que escuchan las enseñanzas de Jesús. Tal y como dijo el apóstol Pablo: "*Yo planté, Apolos regó; pero el crecimiento lo ha dado Dios*" (1 Corintios 3:6).

¿Por qué no estamos haciendo discípulos como debiéramos? Recuerdo haber escuchado en una ocasión que en la iglesia hay dos clases de personas discípulos y simpatizantes, y que la única diferencia entre ambos es el nivel de compromiso. Efectivamente así es. A muchos les gusta oír de Jesús y se sienten atraídos por sus enseñanzas, pero cuando se ven confrontados a tomar una decisión seria por él, se retiran y se van. Dejan de seguirlo a la primera señal de compromiso que aparece en el camino. Sólo los discípulos están dispuestos a todo por él porque entienden que toda demanda que Jesús haga de ellos vale la pena. No hay nada en este mundo que Jesús les pida que hagan o dejen de hacer que no estén dispuestos a obedecer. Esa es la clase de compromiso que Jesús demanda de sus discípulos, y la única manera de poder serle fiel. Todo el que quiera ser discípulo de Jesús debe estar dispuesto a pagar el precio del discipulado: morir a sí mismo (Lucas 9:23) y comprometerse con sus enseñanzas y demandas. Una muy importante de esas demandas, por cierto, es la de hacer discípulos a todas las naciones. Haced discípulos, empieza con ir a predicar el Evangelio, bautizar a los que han creído y enseñar a los comprometidos. ¿Estamos obedeciendo?

Bautizar. La enseñanza bíblica es que se debe bautizar a quienes han oído y creído el Evangelio. No es bíblico bautizar niños (bebés) por la simple y sencilla razón que los niños no tienen ni idea de lo que están haciendo en el momento en que son bautizados (además no tienen pecado de que arrepentirse, están en estado de inocencia). Es necesario creer antes de ser bautizado. Jesús dijo: *"Bautizándolos en el nombre del Padre, y del Hijo, y del Espíritu Santo"*. Esta es la forma en que Jesús instruyó, esto no es invento de una iglesia o de una denominación, sino la voluntad del Señor. Por lo tanto, es lo que debemos hacer. El bautismo, es la confesión pública y externa de lo que ha sucedido internamente en la vida de un discípulo. En el bautismo el creyente se identifica con Cristo en su muerte y resurrección (Ro 6:1-14). Es en el bautismo dónde renuncia públicamente al mundo y sus deseos. El discipulado implica compromiso, y empieza con la decisión de bautizarse. Esta es la razón por la cual no es lícito, ni bíblico, bautizar bebés que no saben discernir, ni tomar decisiones por ellos mismos. Con lo dicho anteriormente, entendemos que el bautismo es la iniciación en este nuevo camino o nueva manera de vivir para el creyente. Después de que han tomado esa decisión, es necesario afirmarlos en la fe. Es aquí donde entra el discipulado o la enseñanza.

Enseñar. La orden también fue: "*Enseñándoles que guarden todas las cosas que os he mandado*". La enseñanza encierra dos cosas importantes la *doctrina* y la *práctica*. Una no puede existir sin la otra, o simplemente no hay discipulado. En otras palabras, la mejor manera de enseñar a otros la doctrina o las enseñanzas de Cristo es con el ejemplo. Viviendo uno mismo lo que predica. Esa fue la manera en que Jesús lo hizo. ¿Podemos nosotros hacerlo diferente? Lo dudo. Jesús dijo: "*Porque ejemplo les he dado, para que como yo os he hecho, vosotros también hagáis*" (Juan 13:15). Los apóstoles no sólo oyeron lo que Jesús dijo, sino que vieron la manera cómo Jesús vivió su vida delante de ellos, fue entonces así que fueron enseñados y se comprometieron con su doctrina. Predicar es una cosa, discipular es otra. Para lograr con éxito el discipulado se requerirá tiempo. A Jesús le tomó tres años y medio discipular a doce, y aun así vemos que algunos de ellos cometieron errores en momentos críticos. Pero esto no debe desanimarnos, sino lo contrario; sabemos que no estamos solos en esta tarea. Tenemos el mejor Ayudador con nosotros, nos fue dado el Espíritu Santo.

El aliciente

En la Biblia tenemos todo lo que necesitamos saber para cumplir efectivamente con nuestra misión. En ella tenemos el *Mandato*, es una orden y tenemos que obedecerla. El *Mensaje*, no tenemos que inventar o reinventar el mensaje, es el mismo, Jesús nos dijo qué decir. El *Modelo*, en su palabra nos dio detalles específicos de cómo debíamos hacer y cumplir nuestra tarea. Él nos dio el ejemplo. Y por último, Dios nos dio el *Poder* para llevar a cabo su obra. No con nuestras fuerzas ni con nuestro poder, sino con el poder y la fuerza del Señor. Sobre todo, contamos con su presencia. El Señor no sólo comisionó a la iglesia y la abandonó a su suerte. Jesús dijo: "*y he aquí yo estoy con vosotros todos los días, hasta el fin del mundo. Amén*". Este es el aliciente más poderoso que pudiéramos haber recibido: *Dios*

Sin la ayuda de Dios, la misión de la iglesia es prácticamente imposible.

está con nosotros hasta el fin. Por esta razón, podemos sentir confianza en lo que hacemos, Jesús está aquí con nosotros hoy. El Señor no nos ha dejado solos. Su presencia es real. Él es Emanuel, Dios con nosotros. Lo prometió y lo ha cumplido. Es una garantía, no estamos solos en esto. La misión es hasta el fin del mundo, hasta que Cristo regrese por su iglesia. No podemos ni debemos dejar de hacer lo que él nos mandó.

Sin la ayuda de Dios, la misión de la iglesia es prácticamente imposible de cumplir, pero con él, todo es posible. En otras palabras, la misión imposible se hace posible gracias a él. Dios prometió su presencia y su ayuda a cada instante y en cada etapa del proceso. Contamos con la presencia y el poder de Su Espíritu Santo. En Juan 14:15-18 dijo: "[15] *Si me amáis, guardad mis mandamientos.* [16] *Y yo rogaré al Padre, y os dará otro Consolador, para que esté con vosotros para siempre:* [17] *el Espíritu de verdad, al cual el mundo no puede recibir, porque no le ve, ni le conoce; pero vosotros le conocéis, porque mora con vosotros, y estará en vosotros.* [18] *No os dejaré huérfanos; vendré a vosotros*".

Si lo dicho hasta aquí no es suficiente, escuchemos la última instrucción que Jesús dio a sus discípulos antes de ascender a los cielos para sentarse a la diestra del Padre. "***Pero recibiréis poder, cuando haya venido sobre vosotros el Espíritu Santo, y me seréis testigos en Jerusalén, en toda Judea, en Samaria, y hasta lo último de la tierra***" (Hechos 1:8). El poder que Jesús nos dio no es para fanfarronear sino para testificar de él, para la gloria del Padre. Usémoslo, seamos testigos suyos. Es un honor y es un privilegio, pero también es una responsabilidad la que tenemos. Un día se nos pedirá cuenta de qué hicimos con lo que nos fue entregado. ¿Qué diremos? ¿Cuál será nuestra respuesta cuando nos toque comparecer? Eso queda a cada uno responder. Seamos responsables. Dios nos ha dado el mandato, el mensaje, el modelo y el poder; prácticamente todo lo que necesitamos para hacerlo. Sólo hace falta rendir nuestra vida y voluntad a él y obedecerle.

La misión es hasta el fin

Estas son las instrucciones básicas y esenciales para el cumplimiento de la Gran Comisión: *"Id y haced discípulos a todas las naciones"*. No podemos dejar de cumplir una de estas dos cosas, de lo contrario no estaremos siendo fieles al llamado. Pero uno sólo no puede cumplir o hacer todo el trabajo; es tarea de todos, no de unos cuantos. El cuerpo de Cristo (la iglesia), está formado por muchos miembros los cuales se ayudan entre sí (Romanos 12:4-8).

Sabemos que la iglesia fue establecida por Dios con el propósito de evangelizar y alumbrar a las naciones con su luz y establecer su reino en la tierra. ¿Qué ha sucedido? ¿Por qué nos hemos detenido y no hemos cumplido nuestra misión? ¿Por qué no hemos hecho su voluntad? Acaso ¿Dios ha fallado y no ha cuidado bien de su iglesia? ¡Por supuesto que no! No es Dios el que ha fallado, la iglesia sí. ¿Cómo es eso posible? Es posible porque, como mencioné antes, la iglesia está compuesta por hombres y mujeres de diferentes etnias. Hombres que, aunque hemos sido restaurados y regenerados, aun somos falibles y fallamos. Una y otra vez hemos perdido el rumbo pues aún vivimos en este cuerpo de pecado. Y nuestra voluntad no siempre se alinea con la de Dios, y no siempre nos sometemos a él. Cada uno quiere seguir su propio camino. Ese ha sido el problema. Por eso *la misión aún está inconclusa, no porque sea imposible, ni porque Dios no haya cumplido su promesa. Está inconclusa por nuestra desobediencia y falta de fe.*

Ahora entendemos que no se trata de acabar la misión sino de cumplirla. La misión no fue sólo para la primera generación de cristianos, sino para todos los cristianos de todas las épocas. Mientras estemos en la tierra, debemos seguir predicando y haciendo discípulos hasta que Cristo regrese, porque siempre, en todo lugar y en todo tiempo, habrá quienes aún no le conocen. Recuerde, la misión es hasta el fin, hasta que Cristo regrese por su iglesia; y si Cristo aún no ha regresado, entonces *la misión continúa y nadie la debe detener*. Debemos seguir predicando, enseñando, bautizando y sanando, etc. hasta que Cristo regrese. Esto es algo básico que necesitamos saber sobre la iglesia y su misión. Ahora adentrémonos y veamos dónde y cómo estamos en esto.

III. EL DIAGNÓSTICO

«[16] Así dijo Jehová: Paraos en los caminos, y mirad, y preguntad por las sendas antiguas, cuál sea el buen camino, y andad por él, y hallaréis descanso para vuestra alma. Mas dijeron: No andaremos. [17] Puse también sobre vosotros atalayas, que dijesen: Escuchad al sonido de la trompeta. Y dijeron ellos: No escucharemos. [18] Por tanto, oíd, naciones, y entended, oh congregación, lo que sucederá" (Jeremías 6:16-18).

Nuestra condición actual

Le pregunto, ¿cuál es la condición de la iglesia hoy? ¿Cómo está o cómo ve usted a la iglesia de hoy día? ¿Cuál sería su respuesta? Conteste sinceramente. Oh, yo sé que algunos dirán que uno ve lo que uno quiere ver y; por lo tanto, las respuestas y opiniones podrían variar. Eso es verdad. Pero lamento decirle, mi querido amigo, que no se trata de opiniones, sino de la verdad, según Dios lo dejó establecido en su palabra. Entonces, ¿cuál sería la mejor descripción de la iglesia de nuestros días? ¿Qué es lo que más caracteriza o describe a la iglesia generalmente hablando? Espero haya respondido sinceramente. Si su respuesta y conclusión fue que la iglesia no está bien, le haré otra pregunta que se deriva de la anterior. ¿Por qué está la iglesia así? ¿Cuál es la causa o razón de que la iglesia está cómo está? ¿De quién es la culpa? ¿Tiene alguna idea? Espero que también responda sinceramente; y que de igual manera, concluya que estamos así porque nos hemos olvidado de Dios, nos hemos descarriado como ovejas y cada cual se apartó por su camino, como bien dice Isaías 53:6.

Aun cuando vivimos en el posmodernismo, que se supone es la era de la información y de la comunicación, hoy es cuando más ignorancia hay en el mundo. De lo que hay más ignorancia en los hombres hoy, es de Dios. ¿Por qué y cómo estoy seguro de eso? Por la forma en que vivimos como seres humanos. Prácticamente estamos al borde de la anarquía; no sólo en un país, sino en el mundo entero. Y eso es debido a que no sólo el mundo no conoce a Dios, sino que muchos en la iglesia tampoco lo conocen. El apóstol escribió: "*Velad debidamente y no pequéis; **porque algunos no conocen a Dios**; para vergüenza vuestra lo digo*" (1 Corintios 15:34). ¿Acaso no es verdad eso, y no es lamentable? Todos somos ignorantes de Dios (nacemos con esa ignorancia), y la única manera de erradicar esa ignorancia de los hombres es acudiendo a la única fuente de revelación fidedigna que Dios ha dado de sí mismo, la Biblia. Sobre todo, la revelación más sublime que tenemos de Dios es Jesús, el Unigénito del Padre que vino a revelarnos a Dios.

En el año 2010 el Dr. Donald R. Sunukjian escribió un libro titulado: "*Volvamos a la predicación bíblica, cómo se proclama la verdad con claridad y vigencia*". Luego en el 2015 el conocido pastor Charles Swindoll escribió un libro titulado: *Despertando a la iglesia, un llamado urgente*". Si el Dr. Sunukjian nos exhorta en su libro a volver a la predicación bíblica, lo hace porque nos hemos desviado de ella. No hay mucha predicación bíblica en muchas de las iglesias que se dicen cristianas. Y si el pastor Swindoll dice que la iglesia tiene que ser despertada y que es un llamado urgente, es porque la iglesia está dormida y tiene que despertarse antes que su Señor regrese. Estos son sólo dos títulos de libros que he leído, pero sé que hay muchos más. Lamentable es decirlo, pero ni hemos vuelto a la predicación bíblica, ni la iglesia ha despertado todavía. Las cosas han empeorado en los últimos diez años. Entonces no es que Dios no esté hablando a la iglesia, el problema es que la iglesia no está escuchando ni prestando atención a lo que Dios le está diciendo. Dios aún sigue hablando y seguirá haciéndolo. Hebreos 1:1-4 declara:

"[1] ***Dios, habiendo hablado muchas veces y de muchas maneras en otro tiempo a los padres por los profetas,*** [2] ***en estos postreros días nos ha hablado por el Hijo, a quien constituyó heredero de todo, y por quien asimismo hizo el universo;*** [3] *el cual, siendo el resplandor de su gloria, y la imagen misma de su sustancia, y quien sustenta todas las cosas con la palabra de su poder, habiendo efectuado la purificación de nuestros pecados por medio de sí mismo, se sentó a la diestra de la Majestad en las alturas,* [4] *hecho tanto superior a los ángeles, cuanto heredó más excelente nombre que ellos*".

Algunas de las características de un Dios vivo son: Él *habla*, (Hebreos 1:1-4); *oye*, (Salmos 3:4; 34:4); *ve*, (Génesis 1:4, 10, 12, 25, 31); *siente*, (Jueces 10:7); *piensa*, (Jeremías 29:11; Salmos 33:11), *obra y da forma* (Génesis 2:2-9; Salmos 8:3); etc., etc. Y ¿cómo no ha de hablar el que le dio la boca al hombre? (Éxodo 4:11). Por lo tanto, todos podemos oír la voz de Dios y experimentar su presencia. Pero para poder escucharle, es necesario hacerlo en sus términos y no en los nuestros o, mejor dicho, de la manera en que él ha decidido hablarnos y revelarse a nosotros. Hay un pasaje en las Escrituras que demuestra esta verdad. Se encuentra en el Evangelio según San Lucas 16:19-31. Le invito a que lea la historia completa, ya que sólo compartiré los últimos cinco versículos. Lucas 16:27-31 dice:

"[27] *Entonces le dijo* (el rico): *Te ruego, pues, padre, que le envíes a la casa de mi padre,* [28] *porque tengo cinco hermanos, para que les testifique, a fin de que no vengan ellos también a este lugar de tormento.* [29] *Y Abraham le dijo:* ***A Moisés y a los profetas tienen; óiganlos.*** [30] *Él entonces dijo: No, padre Abraham; pero si alguno fuere a ellos de entre los muertos, se arrepentirán.* [31] *Mas Abraham le dijo:* ***Si no oyen a Moisés y a los profetas, tampoco se persuadirán, aunque alguno se levantare de los muertos.***"

El rico de esta historia quería que Dios les hablara a sus hermanos como él creía o pensaba que sería la mejor manera de persuadirlos. Esto es algo muy común entre nosotros hoy. Queremos que Dios nos hable como nosotros queremos. Pero la respuesta de Abraham revela cómo Dios ha decidido hablarnos y revelarse a nosotros. La respuesta fue: "*A Moisés y a los profetas tienen; óiganlos*". ¿Qué quiere decir eso? Es simple, quiere decir que Dios ya les había dicho o hablado a través de los escritos de Moisés y los profetas. Dios ya dijo todo lo necesario para mantener una comunión íntima con él, y para ser salvos de la condenación del infierno. También quiere decir que tanto Moisés como los profetas han hablado *de parte de Dios*, o mejor dicho, *Dios ha hablado a través de ellos*. En otras palabras, Dios ya nos ha hablado, sólo que no hemos querido oír porque queremos que Dios nos hable a nuestra manera, y eso no siempre será así. Abramos nuestras Biblias al igual que nuestros corazones y entonces, después de haber pasado un tiempo postrados a sus pies, podremos decir con toda convicción que en verdad hemos oído la voz de Dios, y que él nos ha hablado.

Pero hay un problema. El problema es que estamos muy ocupados en nuestros afanes y no tenemos tiempo para escuchar a Dios. Eso nos hace estar tan habituados a la tierra y tan enamorados del mundo, que no queremos dejar lo que tenemos aquí. Tenemos el mismo problema que tuvo el pueblo de Israel cuando Dios lo sacó de Egipto. Extrañaban las cosas de Egipto. Como alguien dijo: "Dios los sacó de Egipto, pero Egipto nunca salió de ellos". Es porque estamos tan llenos del mundo que no tenemos hambre de Dios. Si estuviéramos llenos de Dios, no tendríamos hambre de lo que el mundo ofrece (pecado).

Antes de resolver un problema de cualquier índole, es necesario hacer un diagnóstico o una evaluación del estado actual de aquello que se desea solucionar. Si hemos de resolver, mejorar o sanar algo, se requiere hacer preguntas, análisis y pruebas las cuales nos permitirán ver con claridad y profundidad aquello que a simple vista no podemos mirar. Primero, debemos identificar qué o cuál es la causa del problema antes de encontrar la solución. Por ejemplo, un doctor prescribe una receta sólo después de haber investigado los síntomas y de haber llevado a cabo las pruebas y análisis necesarios, los cuales le ayudarán a identificar las posibles causas del problema del paciente al cual está tratando. Sólo hasta entonces podrá prescribir un remedio que será efectivo. De lo contrario, solamente estará adivinando y empeorará la condición del paciente porque los síntomas que un enfermo presenta sólo son el resultado externo de un problema interno y profundo, que a simple vista no se ve. Usando esta analogía, es necesario descubrir la enfermedad y la gravedad de nuestro paciente con el fin de lograr su sanidad. El paciente a tratar en este caso será la iglesia, el doctor será Jesús y el Espíritu Santo será quien hará todas las pruebas necesarias. Necesitamos escuchar con atención y observar cuidadosamente para poder llegar al meollo del asunto. Prestemos atención y hagamos las preguntas pertinentes e incómodas ¿Cuáles son los síntomas? ¿Dónde le duele? ¿Desde cuándo empezó a sentirse así? ¿Qué está haciendo o qué ha dejado de hacer? ¿Está comiendo bien? ¿Qué dicen los demás de la iglesia? ¿Lo que dicen es verdad o mentira? Analicemos todo esto a la luz de la revelación e iluminación de la palabra de Dios, y dejemos que sea el Espíritu Santo quien haga la evaluación y el examen profundo para poder tener un mejor diagnóstico.

Pero ¿en qué me baso o cómo puedo aseverar que la iglesia está mal o está enferma? Para poder diferenciar entre lo que es una iglesia enferma y una saludable, necesitamos saber primero cómo es y cómo se ve una iglesia saludable para luego compararla. Si está de acuerdo conmigo, la única vez que vemos la iglesia saludable, y siendo lo que Dios quiso que fuera, es en el libro de Hechos de los Apóstoles. Así que usaremos lo que se dice de la iglesia en el libro de los Hechos como referencia de la iglesia saludable y de ahí partiremos. Note que he utilizado el término *iglesia saludable*, no *iglesia perfecta*. Asumo que se entiende que no existe la iglesia perfecta, pero sí puede y debe existir la iglesia saludable. Echando un vistazo a los primeros cincuenta o setenta años de historia de la iglesia en el NT, podemos descubrir lo que buscamos. El NT está compuesto de los cuatro Evangelios, donde se presenta el nacimiento, ministerio, muerte y resurrección de nuestro Señor Jesucristo. Después tenemos el libro de Hechos de los Apóstoles. Este libro histórico abarca los primeros cuarenta años de historia de la iglesia primitiva. El resto son cartas escritas por varios apóstoles y enviadas o dirigidas a iglesias o individuos que se encontraban en diferentes ciudades del Imperio romano. Gracias a estos escritos podemos ver y tener una idea de cuál era la condición de la iglesia en la segunda mitad del primer siglo. Finalmente, el Canon cierra con un libro profético: Apocalipsis o Revelación. Este libro no sólo revela acontecimientos futuros, sino también la condición de la iglesia de aquellos días. Y antes de hablar de eventos futuros, nos permite vislumbrar cuál era la condición de la iglesia a finales del siglo primero de nuestra era. En los capítulos dos y tres de este libro, aparecen siete cartas que Jesús envió por medio del apóstol Juan a los siete ángeles (pastores) de las iglesias de Asia Menor. Al leer el mensaje que Jesús envía, notamos que la condición de la iglesia no es la misma que al principio. Cualquiera puede ver que hay un marcado contraste entre la iglesia de Hechos y la de Apocalipsis, y nadie debe ni puede negarlo. En aproximadamente cinco décadas, la iglesia de Cristo se había alejado mucho de lo que él quiso que fuera. El libro de Hechos presenta una iglesia que opera como debiera ser: bajo el poder y la autoridad del Espíritu Santo. Pero en Apocalipsis, la iglesia no tiene ni poder ni autoridad, los ha perdido. Surge una pregunta importante. ¿Qué fue lo que pasó? ¿Por qué la iglesia no tiene poder? ¿Cuándo y dónde perdió ese poder? La respuesta la veremos más adelante.

Al leer lo que Lucas escribió sobre la iglesia primitiva en Hechos, hay varias cosas que la caracterizan y son las siguientes: *unidad* (Hechos 1:14; 2:1, 44, 47-47; 4:24, 32; 5:12), *santidad* (Hechos 2:42; 8:20; 11:23-24), *amor* (Hechos 2:45; 4:32; 6:1-7; 7:1-60), *poder* (Hechos 3:1-10; 5:12; 9:32-43; 12:1-19), *autoridad* (Hechos 3:6; 13:1-12; 16:18), *temor de Dios* (Hechos 5:11,), *denuedo para testificar* (Hechos 4:24-32; 8:4), *sufrimiento por el nombre de Cristo* (Hechos 5:41-42; 7:1-60; 16:22-23), etc., etc. No creo necesario decir más, con esto es suficiente para comprender el punto que quiero tratar. Ahora veamos las características o el estado actual de la iglesia en nuestros días. Generalmente hablando, la iglesia de hoy es fría, sin amor, apática, no tiene poder ni autoridad, no tiene temor de Dios, nadie quiere sufrir por Cristo, es poco esforzada e indiferente a las necesidades de los demás. Muestra poco amor por Dios y su Palabra. Más bien, muestra mucho amor y deseo por las cosas de este mundo. No hay compromiso, ni disposición entre sus miembros. La mayoría de los creyentes se ofenden muy fácilmente y cambian de iglesia como cambiar de canal en el televisor. Muchos que se llaman "líderes de iglesias", más bien pudieran llamarse "directores de cine o teatro" porque han recurrido al entretenimiento y los espectáculos con tal de mantener a la gente dentro. Es muy lamentable por cierto que las personas lleguen a las reuniones de la iglesia sólo para ser entretenidas y para ver un espectáculo. Muchos de los que ocupan los púlpitos en las iglesias hoy, deberían ser llamados entretenedores más que predicadores. Esto es algo que nunca debió haber ocurrido porque nunca fue la intención de Dios que la iglesia fuera un centro de espectáculos. El apóstol Pablo escribió que la iglesia del Dios viviente "*es columna y baluarte de la verdad*" (1 Timoteo 3:15). Por lo tanto, la iglesia debe ser el lugar donde se predica, se enseña, se sostiene y se defiende la verdad en amor. Pero ya no se predica la verdad con claridad y sencillez de corazón, y menos con autoridad. ¿No es esto cierto? ¿Acaso estoy exagerando? Juzgue usted mismo. Haciendo la comparación, notamos que no hay mucho de lo que se lee o escucha acerca de la iglesia del primer siglo. Hay una gran diferencia entre la iglesia del libro de Hechos y la iglesia de hoy; y no necesariamente tiene que ver con el tiempo, con el lugar, ni con las personas. La gran diferencia que existe es en la funcionalidad y la santidad. Su conducta no es la misma. La iglesia no se está comportando de la misma manera.

Si esto no es suficiente para convencerle de esta realidad, y piensa que estoy exagerando, aquí le dejo el testimonio de tres grandes predicadores. Por favor preste atención a lo que estos santos hombres de Dios escribieron en sus días:

> *D. L. Moody*, declaró: "Creo firmemente que la iglesia de Dios tendrá que confesar sus propios pecados antes de que pueda tener alguna gran obra de gracia. Ha de haber una obra más profunda entre el pueblo creyente de Dios. Y a veces pienso que sería hora de predicar a los que profesan

ser cristianos en vez de predicar a los impíos. Si tuviéramos un nivel de vida más elevado en la iglesia de Dios, serían millares los que acudirían al reino. Así era en el pasado; cuando los hijos de Dios se volvieron de sus ídolos y de sus pecados, el temor de Dios cayó sobre el pueblo. Mira la historia de Israel y hallarás que cuando apartaron sus dioses extraños, Dios visitó a la nación, e hizo en ellos su poderosa obra de gracia. Lo que queremos en estos días es un avivamiento verdadero y poderoso en la iglesia de Dios. Tengo poca simpatía con la idea de que Dios va a llegar a las masas a través de una iglesia formal y fría. El juicio de Dios ha de empezar en nosotros". Luego agregó: "Parece que hay muy poco poder en el cristianismo hoy".[1]

A. W. Tozer escribió: "La respuesta que se da generalmente es que 'estamos fríos', pero esto no explica la realidad de las cosas. Lo que ocurre es algo más grave que la frialdad de corazón. Hay algo que está oculto y que provoca la frialdad. ¿Qué es ese algo? No es otra cosa que el velo de separación que conservamos en el corazón. Este velo impide que veamos el rostro de Dios. Y no es otro que el velo de nuestra naturaleza humana caída, que aún no ha sido juzgada, crucificada y repudiada dentro de nosotros. Es el velo de la supervivencia de nuestro 'yo', que nunca hemos querido doblegar, y que no hemos sometido a la crucifixión. Este velo sombrío nada tiene de misterioso, ni es difícil de identificarlo. Basta que echemos una mirada a nuestro corazón para que lo veamos, recocido y remendado y reinstalado, verdadero enemigo de nuestra vida y real impedimento de nuestro progreso espiritual". Añadió: "El 'yo' es el velo opaco que nos oculta el rostro de Dios. Lo único que puede quitarlo es la experiencia espiritual, nunca la instrucción religiosa. Tratar de hacerlo así es como querer curar el cáncer con tratados de medicina. Antes que seamos librados de ese

1 D. L. Moody, *La oración que prevalece*. Editorial Clie, Barcelona, España, 1982 (p. 24, 28).

velo, Dios tiene que hacer una obra destructiva en nosotros. Tenemos que invitar a la cruz a que haga su obra dentro de nosotros. Debemos poner nuestros pecados del 'yo' personal delante de la cruz para que sean juzgados. Debemos estar dispuestos a sufrir cierta clase de sufrimientos, tales como los que sufrió Jesús cuando estuvo delante de Pilato".[2]

> *O. J. Smith* dijo: "Ah, sí, los hombres han olvidado a Dios. El pecado florece por todos lados. Y el púlpito no cumple con su misión. Y no conozco de nada menos que un derramamiento del Espíritu de Dios que pueda dar salida a esta situación. Un avivamiento así ha transformado docenas y cientos de comunidades: puede transformar a las nuestras. *Tenemos que tratar primero con la cuestión del pecado; porque a no ser que nuestras vidas sean rectas ante Dios, a no ser que nos hayamos apartado del pecado, podemos estar orando hasta el día del juicio, y el avivamiento no vendrá.* ***Vuestras iniquidades han hecho división entre vosotros y vuestro Dios, y vuestros pecados han hecho ocultar de vosotros su rostro para no oír***" (Isaías 59:2).[3]

Cada uno de estos hombres reconoció que las cosas no andaban bien en la iglesia en los tiempos que vivieron. Todos concuerdan en que la iglesia tenía problemas. ¿Será que fue un asunto del siglo pasado? No lo creo. Más bien la frialdad y el pecado dentro de la iglesia se han incrementado como nunca antes. Yo no soy D. L. Moody, ni A. W. Tozer, ni O. J. Smith, sólo soy uno, que al igual que ellos, anhela y desea ver la gloria de Dios en mi generación. Y estoy dispuesto a hacer todo lo que esté a mi alcance (renunciar a mi pecado y morir al "yo") para ver a Dios obrar con poder en su pueblo una vez más. Espero que usted también esté dispuesto y desee lo mismo, para que juntos

---

2 A. W. Tozer, *La búsqueda de Dios*. The Moody Bible Institute of Chicago. Chicago, Illinois, 1977 (p. 44, 46).

3 Oswald J. Smith, *Pasión por las almas*. Editorial Portavoz. Grand Rapids, Michigan, 1984 (p. 13-14).

podamos crear una revolución en el mundo espiritual que sacuda el mismo infierno. Pero deberá empezar en nosotros, cuando en verdad tengamos un arrepentimiento genuino de corazón.

Le invito a que escuche el canto titulado "Cristianos" de Marcos Vidal[4] quien describe claramente a través de la letra de esta alabanza la diferencia entre la iglesia del libro de Hechos y la iglesia de hoy.

Jesús es nuestra única esperanza y socorro en todo esto, gracias a su abundante misericordia. Él es el mismo ayer, hoy y por siempre; no ha cambiado, ni cambiará. La salud de la iglesia no es buena; está enferma, al grado de moribunda. Algo no anda bien en la iglesia del Dios vivo. Algún problema debe estar causando tal daño y enfermedad, algo más profundo que no se ve superficialmente.

Este es el estado actual de la iglesia lamentablemente. Indaguemos un poco más y veamos que descubrimos. Identifiquemos el problema de la iglesia y seamos más específicos.

4 *Cristianos,* Marcos Vidal. Link: https://youtu.be/LJavjkls8Ho.

IV. EL PROBLEMA

"[2] Oíd, cielos, y escucha tú, tierra; porque habla Jehová: Crié hijos, y los engrandecí, y ellos se rebelaron contra mí. [3] El buey conoce a su dueño, y el asno el pesebre de su señor; Israel no entiende, mi pueblo no tiene conocimiento. [4] !Oh gente pecadora, pueblo cargado de maldad, generación de malignos, hijos depravados! Dejaron a Jehová, provocaron a ira al Santo de Israel, se volvieron atrás. [5] ¿Por qué querréis ser castigados aún? ¿Todavía os rebelaréis? Toda cabeza está enferma, y todo corazón doliente. [6] Desde la planta del pie hasta la cabeza no hay en él cosa sana, sino herida, hinchazón y podrida llaga; no están curadas, ni vendadas, ni suavizadas con aceite. [7] Vuestra tierra está destruida, vuestras ciudades puestas a fuego, vuestra tierra delante de vosotros comida por extranjeros, y asolada como asolamiento de extraños. [8] Y queda la hija de Sion como enramada en viña, y como cabaña en melonar, como ciudad asolada. [9] Si Jehová de los ejércitos no nos hubiese dejado un resto pequeño, como Sodoma fuéramos, y semejantes a Gomorra" (Isaías 1:2-9).

Identifiquemos el Problema

Llamemos las cosas como son. El problema de la iglesia no es el gobierno, aun cuando el gobierno en diferentes países del mundo restringe y trata de silenciar la voz y la presencia de la iglesia. No es el dinero, pudiera pensarse que la iglesia es pobre y que por falta de economía está en esa condición. Tampoco es por falta de espacio para crecer, y no, ese no es el problema

> ¿Cuál es el problema de la iglesia? El problema de la iglesia es *el pecado.*

(algo que inmediatamente llamó mi atención cuando vine a los Estados Unidos hace más de veinte años, fue la cantidad de edificios de iglesias que existen, una en cada esquina y una enfrente de la otra). El problema ni siquiera es la falta de asistencia a las iglesias. Hay muchas personas regularmente asistiendo semana tras semana a las reuniones. Los discípulos al principio eran menos y trastornaron el mundo entero. Puedo seguir enumerando una y otra cosa, pero ninguna de ellas sería el problema más serio que enfrenta la iglesia hoy. Así es, nuestro problema no es que seamos pocos, ni que seamos pobres; tampoco es un problema social. No es el ateísmo, el secularismo, o el escepticismo, como se pudiera pensar. Todo esto está fuera de la iglesia y no afecta ni debe afectar significativamente la obra de la iglesia. El problema no viene de afuera sino de adentro. Esto no debería extrañar a nadie que conoce bien la Palabra de Dios, puesto que en ella nos han sido reveladas todas las cosas, tanto pasadas, presentes y futuras (nuestro origen, propósito y destino).

Respondamos de una vez por todas. ¿Cuál es el problema de la iglesia? Pues bien, la respuesta es: *el pecado*. ¿Por qué la iglesia no tiene poder ahora?, por causa del pecado. ¿Cuándo y dónde lo perdió? Tan pronto como la iglesia comete pecado, y en cualquier lugar que se cometa, es que pierde el poder y la autoridad que Dios le delegó. Así fue en el principio en el Edén. Cuando Adán y Eva pecaron contra Dios, perdieron la autoridad y el señorío que Dios les había otorgado. Así de simple, el problema de la iglesia *es el pecado*. Revise el siguiente pasaje de la Escritura que es muy significativo en esto que estamos hablando, Isaías 59:1-4 declara:

> "[1] *El poder del Señor no ha disminuido como para no poder salvar, ni él se ha vuelto tan sordo como para no poder oír.* [2] ***Pero las maldades cometidas por ustedes han levantado una barrera entre ustedes y Dios; sus pecados han hecho que él se cubra la cara y que no los quiera oír.*** [3] *Ustedes tienen las manos manchadas de sangre y los dedos manchados*

> *de crímenes; sus labios dicen mentiras, su lengua emite maldad. [4] Nadie hace denuncias justas, ni va a juicio con honradez. Confían más bien en la mentira y en palabras falsas; están preñados de maldad y dan a luz el crimen*" (DHH).

Qué palabras tan fuertes, certeras y claras que nadie, por indocto que sea, al leerlas no pueda entenderlas. No hace falta explicación. El profeta declara contundentemente que Dios sigue siendo el mismo. El mismo que en el Génesis dijo y fue hecho. Todavía tiene el mismo poder y la misma autoridad. Nada en él ha cambiado ni cambiará jamás en los siglos o milenios por venir (Malaquías 3:6). Su reino es inamovible. Esto lo dijo el profeta porque muchos en Israel, como ahora, pensaban equivocadamente que el problema era Dios, que el Señor ya no los oía, o ya no podía hacer lo mismo que antes, pero no era así. Isaías entonces declara: "*las maldades cometidas por ustedes son las que han levantado una barrera, un muro, una pared de separación*". Escuche bien esto por favor, lo voy a repetir para que no lo olvide: *las maldades cometidas por ustedes son las que han levantado una barrera, un muro, una pared de separación*. Esa es la razón y el porqué de todas las desgracias y miserias en el pueblo de Dios. El pecado y la maldad cometidos por su pueblo son las que levantan una pared, un muro de separación. Al pecar, tanto Israel como la iglesia, perdieron dos cosas importantísimas para su existencia y buen funcionamiento: la *santidad* y la *unidad*. Y como resultado de ello, la iglesia perdió *el poder y la autoridad* de Dios. Se produjo un efecto dominó, una cosa afectó la otra, y a su vez otra.

El pecado es para el creyente lo que la "*criptonita*" es para Superman; lo debilita, lo hace perder el poder y se vuelve como cualquier otro hombre común. El pecado es la raíz y la causa de todo problema en la iglesia. Como consecuencia de ello, Dios abandona su casa. Él no puede habitar dónde hay pecado, ni alguien en quien hay pecado puede habitar cerca de él. El pecado separa, destruye, y no hay forma de evitar sus consecuencias una vez cometido. Así ha sido y así será, sea Israel o sea la iglesia. Desde el principio, el pecado ha producido separación y muerte. Tanto al individuo que lo comete como al ambiente en el cual

Como iglesia hemos cometido los mismos males que Israel cometió en tiempos de Jeremías: hemos dejado a Dios y hemos cavado cisternas rotas y agrietadas que no retienen agua.

vive. Aunque no siempre es de manera inmediata, tarde o temprano, lento pero seguro, sus efectos llegarán. El pecado trae consecuencias dolorosas y devastadoras; es por eso que Dios advirtió al hombre al respecto. Las consecuencias del pecado no se hicieron esperar en el huerto del Edén. Tal y como Dios dijo: "*porque el día que de él comieres, ciertamente morirás*" (Génesis 2:17b). Esa fue la advertencia y eso fue lo que sucedió. Más tarde el apóstol Pablo escribió: "*Porque la paga del pecado es muerte...*" (Romanos 6:23a). Santiago 1:15b declara: "*...y el pecado, siendo consumado, da a luz la muerte*". Lo ve, es simple y claro.

Entendámoslo de una vez, nadie puede evitar la sentencia de Dios como consecuencia del pecado, nadie. Y la única manera en que Satanás puede hacerle daño a la iglesia es desde adentro, haciendo que peque contra Dios. Así ha sido siempre. Números 22 al 24, narra la historia de Balac rey de Moab cuando mandó llamar a Balaam (el profeta adivino) para que maldijera a Israel, pero no pudo. ¿Por qué? Porque Dios lo había bendecido y ninguna maldición del diablo podía dañar al pueblo escogido de Dios. Aunque Balac intentó en tres ocasiones hacer lo mismo, no pudo; pero algo sucedió más tarde. En el capítulo 25 de este mismo libro, vino la destrucción a Israel. ¿Por qué y cómo sucedió?, por el pecado de inmoralidad sexual (fornicación) y por fornicación espiritual (Israel se dio a la idolatría). Cuando el pueblo de Dios peca contra él, el pueblo entero se encuentra en graves problemas. Siempre ha sido así y así será. Por lo único que el pueblo de Dios puede ser destruido es por causa del pecado.

Así es como la iglesia que hoy se llama de Jesucristo no tiene ni el poder ni la autoridad que él prometió que tendría. Pero no es porque Dios no haya cumplido su promesa, sino porque nosotros, la iglesia, no hemos cumplido la nuestra. Nos hemos olvidado de Dios. Descuidamos nuestra comunión con él y dejamos de cumplir su voluntad en la tierra. El resultado de esto es que Dios se aleja de quienes dicen ser su pueblo. Cuando esto sucede, el cristianismo se convierte en una religión más de entre las muchas que existen y no hay ninguna diferencia. ¿Cómo sucedió esto sin darnos cuenta y cómo nos sucedió a nosotros? Lo veremos a continuación.

El problema es serio y no es nuevo

El problema no es que la iglesia está en el mundo; el problema es que el mundo está en la iglesia, y se ha metido muy adentro. Ese es el verdadero problema. Tal y como el Dr. Charles Swindoll escribió en su libro "Despertando a la iglesia" citando al evangelista y pastor de fines del siglo XVIII y principios del XIX, J. Wilbur Chapman, él declaró: "No es el barco en el agua, sino el agua en el barco lo que lo hunde. Así que, no son los cristianos en el mundo sino el mundo en los cristianos lo que constituye un peligro".

Hoy en día no hay mucha diferencia entre el *comportamiento* de un cristiano y un mundano. Si la hay, es muy poca; y tal vez sea sólo esta: el cristiano va todos los domingos a la iglesia y el mundano no. En cuestiones de actitud, motivos y deseos no hay gran diferencia. Qué el cristiano desee y busque lo mismo que un mundano no es correcto. Se supone que un cristiano debe ser diferente (santo) a los demás. Esa es la razón por la cual Dios separó a su pueblo: Israel y la iglesia. Cuando Jesús oró por sus discípulos en Juan 17, dijo: "*Padre no te pido que los quites del mundo, sino que los guardes del mal*". Esa fue su oración. Anterior a esto, había asegurado que en el mundo tendríamos aflicciones, pero también dijo: "*Confiad, yo he vencido al mundo*".

El problema no es que la iglesia esté en el mundo; Jesús la quiere aquí para cambiar al mundo. Si él no nos quisiera aquí, ya nos habría llevado. El problema es que el mundo se ha infiltrado en la iglesia y la ha corrompido desde adentro. No hay santidad en la iglesia hoy; eso no es nuevo, ni debe sorprender a nadie que conoce la verdad de la sana doctrina. Hay mucha mundanalidad y carnalidad en la iglesia, y esto desde arriba, desde los que se dicen líderes. ¿Por qué ha sucedido todo esto? Algunas de las razones son: descuido espiritual, amor por las cosas de este mundo (afán), la pérdida de propósito y orgullo en el corazón, entre otras. Veamos esto en detalle.

¿Cómo llegamos hasta aquí?

Anteriormente consideramos las vidas de algunos personajes bíblicos tales como: Elí, Saúl y David. ¿Recuerda lo que provocó que sus vidas se descarriaran y pecaran contra Dios? Espero que lo recuerde porque eso es precisamente lo que provocará que cualquiera, en cualquier tiempo, cometa las mismas y aún peores transgresiones que las que ellos cometieron. A continuación veremos algunas de las causas principales que han llevado a la iglesia a estar en la condición que está. Aunque no es una lista exhaustiva; sin embargo, creo que son las principales causas que han provocado la frialdad y el desinterés que existe en la iglesia hoy. La sutileza de dichas causas es lo que las hace más peligrosas, porque muchas veces no nos damos cuenta cuando suceden. Prestemos atención...

Descuido espiritual y abandono de Dios

No fue de manera repentina que el pueblo de Dios abandonó la fe. Muchas veces, y casi siempre, es de manera sutil. En algún momento y en algún lugar le dimos oportunidad al enemigo de nuestras almas (Satanás); él nos engañó con sus mentiras y caímos. El descuido espiritual se da especialmente en aquellos creyentes que tienen años en el Señor y se confían. Su relación con Dios se enfría y se vuelve algo monótono, rutinario. Pierden el brío y el gozo de servir al Señor. Esto empieza cuando el orden de prioridades cambia. Cuando Dios ya no es lo más importante, y ya no ocupa el primer lugar. Sucede así: empezamos por darle tiempo a Dios si nos sobra, y si no, entonces tiene que esperarse, si quiere (como si él necesitara de nosotros y no nosotros de él). Lo dejamos fuera de nuestras vidas y empezamos a tolerar el pecado. Esto es muy peligroso; es tan frecuente y sutil que no nos damos cuenta cuando sucede. Aunque a simple vista no parece tan severo, el pecado del descuido espiritual que como iglesia cometemos, en verdad lo es. Escuchemos lo que Dios habló a Israel a través del profeta Jeremías:

> "[11] *¿Acaso alguna nación ha cambiado sus dioses, aunque ellos no son dioses? Sin embargo,* ***mi pueblo ha trocado su gloria por lo que no aprovecha.*** [12] *Espantaos, cielos, sobre esto, y horrorizaos; desolaos en gran manera, dijo Jehová.* [13] *Porque dos males ha hecho mi pueblo:* ***me dejaron a mí, fuente de agua viva, y cavaron para sí cisternas, cisternas rotas que no retienen agua***" (Jeremías 2:11-13).

Simple y claro. Hasta un ciego vería que la iglesia ha dejado a Dios y por eso está mal. Y es que no es necesario ver, sólo hace falta oír lo que hacemos y lo que hemos dejado de hacer como iglesia. Cuando Israel cometió semejante pecado, Dios dijo: "*Espantaos, cielos, sobre esto, y horrorizaos...*" (Jeremías 2:12a). Causa espanto, horror, asombro y deja sin palabras escuchar los pecados que como pueblo de Dios hemos cometido. ¿Cuáles fueron los males que Israel cometió?

El primer mal fue que *cambiaron a Dios por lo que no es Dios.* Dejaron al Dios vivo y verdadero por un ídolo muerto. Esa es la tontería más grande que un ser humano puede cometer; y sin embargo, tanto Israel como la iglesia lo hemos hecho una y otra vez. ¡Somos culpables! Ni los paganos que adoran a dioses falsos hacen eso. Ellos son fieles a sus ídolos aun cuando estos son ciegos, mudos, sordos y no pueden hacer ni bien ni mal. Dejar al Dios verdadero es una tragedia que nunca debió haber sucedido. Cuando eso pasa, el hombre pierde la razón y el sentido correcto de las cosas. "*Creyéndose sabios se hicieron necios*" (Romanos 1:22). Eso es lo que el secularismo y el humanismo han provocado en el mundo moderno. Han sacado a Dios de la esfera pública. El ambiente se ha impregnado de ateísmo. En el mundo entero el grito de la moda y la cultura es "¡Dios no existe!". Hemos construido una sociedad sin Dios, y la consecuencia inevitable de ello es la decadencia espiritual, moral y social que hoy se vive.

Le invito a que lea Romanos 1:18-32 para que vea cómo es una sociedad sin Dios. El texto describe perfectamente la sociedad de hoy, aun cuando Pablo lo escribió a mediados del primer siglo.

El segundo mal fue que "*cavaron para sí cisternas rotas y agrietadas que no retienen agua*". Esto es cuando buscamos nuestro bienestar y felicidad fuera de Dios, o tratamos de saciar nuestra sed interior (espiritual) a través de cosas materiales. Tratar de darle sentido a nuestra existencia apartados de Dios es tan vano y sin sentido como llenar una cisterna agrietada. ¿De qué utilidad es una cisterna rota que no retiene agua? ¿De qué sirve llenarla? ¿Cómo podrá usar algo que no sirve? ¿Quién llenaría una alberca que sabe que para mañana no tendrá agua? Hacer eso es una locura. Podría pasar toda la vida tratando de llenar algo que está roto. ¿Cómo Dios derramaría su Espíritu sobre una iglesia que no lo puede retener? Nuestros pecados continuos son las grietas por donde se fuga el agua de la bendición de Dios. Por eso, Dios ha dejado de regar su jardín y está seco. Esa es la razón por la cual estamos secos, vacíos y sin vida. Cambiar a Dios por otras cosas, nunca resultará en un bien. Ahora, entendemos que nadie que esté cuerdo cambiaría a Dios por otras cosas, pero entonces ¿cómo es que sucedió y sucede todavía? La respuesta es, un paso a la vez. No sucede de repente, siempre es poco a poco. Así es como Satanás trabaja. Él espera pacientemente hasta que nos hace caer. Eso es lo que lo hace ser un enemigo peligroso, es paciente y sutil y nosotros impacientes e ingenuos.

Ahora leamos las palabras del Salmo 81:11, 13-14 que dice:

> "[11]***Pero mi pueblo no oyó mi voz, e Israel no me quiso a mí.*** [13] *¡Oh, si me hubiera oído mi pueblo, si en mis caminos hubiera andado Israel!* [14] *En un momento hubiera yo derribado a sus enemigos, y vuelto mi mano contra sus adversarios*".

Este salmo revela que fue un acto deliberado. El pueblo no quiso escuchar la voz de Dios. Hay un tono de lamento en este salmo. Dios se lamenta porque sus hijos lo han despreciado y su pueblo no lo quiere escuchar. Sobre todo, su lamento es porque él sabe que nosotros sin él no somos nada, y estamos abandonados a merced de nuestros enemigos. Nos ve sufrir nuestras desgracias, nos ve agonizando, y que aun así, no le buscamos ni nos queremos acercar a él. El pecado nos ha cegado los ojos, al grado de no poder ver nuestra propia necesidad y miseria. Dios quiere y puede ayudarnos, pero nosotros no queremos su ayuda. Oh, cómo somos tercos y torpes para entender que nuestro único bien está solamente en él. Dios puede acabar en un instante con todos nuestros problemas, males y sufrimientos. Él es la cura para todas nuestras enfermedades. Él es la respuesta a todas nuestras interrogantes. Entonces, ¿por qué no lo hace?, porque espera que nosotros demos el primer paso para volvernos hacia él en arrepentimiento. Él ya se acercó a nosotros; ahora nosotros debemos acercarnos a él. Dios busca y quiere un pueblo humilde y sumiso, pero lo hemos despreciado una y otra vez. Somos un pueblo de corazón rebelde y duro de cerviz. Nuestra dureza es tal que ni aún con todo lo que ya hemos sufrido nos doblegamos ante él. Cuántos han abandonado a Dios, y muchos más están a punto de hacerlo, no quieren nada con Dios, ni de Dios. Qué el Señor tenga misericordia de nosotros y nos perdone semejante pecado.

Como iglesia hemos cometido los mismos males que Israel cometió en tiempos de Jeremías: hemos dejado a Dios y hemos cavado cisternas rotas y agrietadas que no retienen agua. Es por eso que hoy reina el caos en todas las esferas sociales, políticas y espirituales. No hay orden, ni paz, ni verdadera prosperidad porque hemos sacado a Dios de las mentes y los corazones de los hombres. Pero no sólo los incrédulos son los que no quieren a Dios, sino la misma iglesia. No debemos olvidar lo que Jesús dice que la iglesia es. Él declara: "*Vosotros sois la luz del mundo y la sal de la tierra*" (Mateo 5:13-16). Si la luz se ha extinguido, entonces el mundo está en tinieblas y no debe sorprender a nadie esto, pues las tinieblas son la reacción natural a la ausencia de luz. Si la sal se desvanece, no sirve más para nada. La sal sin sabor no se puede usar. Estas no son mis palabras sino las de Dios, y todo lo que Dios dice es verdad y se cumple.

Desprecio a la palabra de Dios

El desprecio a la palabra de Dios es pecado y un pecado muy grave, porque de este se derivarán todos los demás. Despreciamos su palabra cuando no la oímos y más, cuando no la obedecemos. Para Dios, obedecer su palabra es mejor que los sacrificios y desobedecerla es peor que cometer pecado de idolatría (1 Samuel 15:22-23). Esto es lo que Dios habló a través del profeta Amós: "*Así ha dicho Jehová: Por tres pecados de Judá, y por el cuarto, no revocaré su castigo;* ***porque menospreciaron la ley de Jehová,*** *y no guardaron sus ordenanzas, y les hicieron errar sus mentiras, en pos de las cuales anduvieron sus padres*" (Amós 2:4). Despreciar la Palabra de Jehová no es algo que pasará por alto, ni desapercibido. Dios habla y hablará con la intención de que sea oída su voz, y sobre todo sea obedecida. Cuando esto no se cumpla, habrá consecuencias y serán devastadoras. Cuántas veces Dios no nos ha hablado hoy como dice Hebreos, "*de muchas maneras y en diferentes tiempos*", pero nosotros, su iglesia, no estamos escuchando. Hemos sido obstinados, nos hemos revelado contra el Señor; por lo tanto, llegará el día de retribución.

Afán y ansiedad por las cosas de este mundo

A. W. Tozer dijo: "*La escasa profundidad de nuestra experiencia, lo hueco de nuestro culto, y la manera servil como imitamos al mundo, todo indica el superficial conocimiento que tenemos de Dios. Y que es muy poco lo que sabemos acerca de su paz. La mala costumbre de buscar a Dios junto con otras cosas, nos impide hallarle a él mismo, y que nos revele toda su plenitud. Es en esas otras cosas donde está la causa de nuestra desdicha. Si dejamos esa vana búsqueda adicional muy pronto encontraremos a Dios, y en él hallaremos todo lo que anhelamos*".[1]

1 A. W. Tozer, *La búsqueda de Dios*. The Moody Bible Institute of Chicago. Chicago, Illinois, 1977 (p. 18).

Proverbios 23:4-5 declara:

> "[4] *No te afanes por hacerte rico; sé prudente, y desiste.* [5]*¿Has de poner tus ojos en las riquezas, siendo ningunas? Porque se harán alas como alas de águila y volarán al cielo*".

El afán y la ansiedad por las cosas de este mundo son una de las principales causas del descuido espiritual. Recuerdo en una ocasión que mi esposa le llamó a una hermana que ya no venía a los estudios bíblicos entre semana, y le preguntó por qué había dejado de asistir. Su respuesta fue: "Ya tengo trabajo, así que cuando pueda ir a la iglesia iré, pero ahora tengo que trabajar". Hay infinidad de creyentes que han dejado de buscar a Dios y muchos aun han dejado de servirle sólo por trabajar horas extras. No me mal entienda, el trabajo no es malo. Lo malo es dejar de hacer el tiempo para conectarnos con Dios en cualquier forma posible. Sé que el trabajo es necesario e importante y que debemos ser responsables, pero no es lo más importante en la vida. El problema con muchos creyentes es que no han establecido el orden de prioridades correcto en sus vidas. Por lo tanto, dan más importancia al trabajo, o a cualquier otra cosa, antes que a Dios. Quien hace eso comete pecado de idolatría. Esto no lo digo yo, lo dice la palabra. Lo acabamos de leer en Jeremías 2:11-13. El trabajo o cualquier cosa que usurpe el lugar que le corresponde a Dios se convierte en un ídolo. Millones de creyentes en el mundo han cambiado a Dios por su trabajo, carrera, fama, sueños, deporte, etc. Oh, yo sé que tenemos que comer y que las cuentas no se pagan solas. Pero acaso ¿Dios no sabe eso? ¿Es Dios un mal Padre? ¿Se ha olvidado de suplir para nuestras necesidades básicas? La respuesta es no. Dios no se ha olvidado ni se olvidará de su creación. La verdad es que nosotros sí nos olvidamos de él, y dejamos de confiar en sus promesas. Nos hemos llenado de vanidades. Nos hemos enamorado y acostumbrado a las comodidades que el mundo nos ofrece y por eso tenemos que trabajar más de lo necesario. Con esto no quiero condenar a los inocentes. Sé que hay mucha pobreza en el mundo y que hay países donde las personas tienen que trabajar extra para apenas tener lo suficiente para sobrevivir. No me estoy refiriendo a ellos. Me refiero a personas que lo tenemos todo, o al menos lo suficiente, pero que hemos caído en la trampa de querer tener más. Así que yo no le juzgo, cada uno júzguese a sí mismo en esto.

Para entender verdaderamente el gran daño y mal que causa el afán en la vida del creyente, es necesario que prestemos atención a las Escrituras. La Parábola del Sembrador que se encuentra en Mateo 13:1-23 lo explica de manera clara. Leamos sólo los versículos 18-23.

> "[18] *Oíd, pues, vosotros la parábola del sembrador:* [19] *Cuando alguno oye la palabra del reino y no la entiende, viene el malo, y arrebata lo que fue sembrado en su corazón. Este es el que fue sembrado junto al camino.* [20] *Y el que fue sembrado en pedregales, éste es el que oye la palabra, y al momento la recibe con gozo;* [21] *pero no tiene raíz en sí, sino que es de corta duración, pues al venir la aflicción o la persecución por causa de la palabra, luego tropieza.* [22] ***El que fue sembrado entre espinos, éste es el que oye la palabra, pero el afán de este siglo y el engaño de las riquezas ahogan la palabra, y se hace infructuosa.*** [23] *Mas el que fue sembrado en buena tierra, éste es el que oye y entiende la palabra, y da fruto; y produce a ciento, a sesenta, y a treinta por uno".*

Semejante exposición no necesita explicación, no hay forma de mal interpretarla. Esta revelación es poderosísima. No la debemos ignorar. Jesús declara que es *el afán de este siglo y el engaño de las riquezas* lo que ahoga la palabra de Dios en los corazones de los oyentes y se hace infructuosa. Ese es el gran mal y peligro que causa el afán en el creyente. En otras palabras, el afán por las cosas de este mundo es la causa por la cual muchos cristianos no crecen ni maduran espiritualmente. Vivir afanados es como querer montar en dos caballos a la misma vez, eso es imposible. Tarde o temprano cada caballo se irá por su lado y usted terminará en el suelo. Así es con los que quieren servir a Dios y a las riquezas a la misma vez. El afán ahogará su vida espiritual y no los dejará crecer ni madurar; por lo tanto, no darán ningún fruto, y si lo hacen será muy escaso. Por lo tanto, debemos huir del afán y estar alertas. Debemos arrancarlo de nuestras vidas tan pronto lo detectemos en nuestro corazón, así como se arranca la mala yerba de un jardín.

El apóstol Santiago escribió: "*¡Oh almas adulteras! ¿No sabéis que la amistad del mundo es enemistad contra Dios?* ***Cualquiera, pues, que quiera ser amigo del mundo, se constituye enemigo de Dios***" (Santiago 4:4). El apóstol Pablo dijo: "*Porque raíz de todos los males es el amor al dinero, el cual codiciando algunos,* ***se extraviaron de la fe, y fueron traspasados de muchos dolores***" (1 Timoteo 6:10). Acaso no son verdaderas y claras cada una de estas palabras. Esto que digo no me lo han contado, yo mismo lo he experimentado y he sido tentado en esta área al igual que muchos de ustedes. Soy humano y tengo debilidades y tentaciones. Una de las trampas más comunes y frecuentes que el enemigo de nuestras almas usa para engañarnos es esta: querer tener comodidades y seguridad económica. Vemos a los mundanos tener bienes y vivir bien (aparentemente) y nosotros también queremos lo mismo. Oh, ¿quién no quiere tener bienes? El enemigo ha usado esa estrategia por mucho tiempo y lamentablemente le ha funcionado. Podría pensar, ¿qué tiene de malo querer estar bien económicamente? Puedo ayudar a los pobres. Verá, cuando razonamos así, es porque Satanás ya empezó a trabajar en nuestras mentes y a derrumbar nuestras defensas, antes de hacernos caer. Porque como dicen por ahí "No da el que tiene, sino el que quiere", o "Nadie es demasiado pobre que no tenga nada que dar". Aun con lo poco que tiene, puede ayudar si quiere. Es más, Dios no le va a demandar o a pedir cuentas de lo que él no le ha dado. Dice la Escritura que al que mucho se le ha dado, mucho también se le demandará. El juicio de Dios será justo y proporcional a lo que se le ha dado. Dios no le pedirá cuentas de lo que él no le ha dado.

En Mateo 6:24 Jesús declaró: "*Ninguno puede servir a dos señores; porque o aborrecerá al uno y amará al otro, o estimará al uno y menospreciará al otro. No podéis servir a Dios y a las riquezas*". Si Jesús dijo que *ninguno puede*, entonces *ninguno puede*; quien quiera demostrar lo contrario y desafiar las palabras de Cristo está destinado al fracaso. Tenemos que decidir, le servimos a Dios o no lo hacemos. Si escogemos servir a las riquezas, no podremos servir fielmente a Dios. Si escogemos servir a Dios, entonces debemos renunciar a toda avaricia. Si no lo hacemos, el afán por hacernos ricos y tener más nos alejará de nuestro llamado, y nos robará el tiempo y la devoción que le debemos solamente al Señor. Indiscutiblemente, descuidaremos nuestra relación con Dios, todo por la avaricia. En Lucas 12:15 Jesús dijo: "*Mirad, y guardaos de toda avaricia...*". Avaros no son sólo los ricos que no se sacian, también hay muchos pobres que son avariciosos.

Usted podría decir, "eso no es verdad, conozco personas que son millonarias y sirven y aman a Dios con todo su corazón". Es cierto, Dios no dijo que el dinero es malo. Lo que dijo es que "*el amor al dinero es la raíz de todos los males*". Así que, si conoce a una persona que es económicamente rica y que sirve a Dios, lo logró precisamente porque ama a Dios sobre todas las cosas. Ama a Dios antes y por encima de sus riquezas. El tener riquezas no afecta ni su devoción ni su amor por Dios. Alguien así puede servir a Dios con dinero y también lo puede hacer si perdiera todo lo que tiene. El mejor ejemplo es Job, quien después de haber perdido todo (literalmente todo) pudo decir: "*Desnudo salí del vientre de mi madre, y desnudo volveré allá. Jehová dio, y Jehová quitó; sea el nombre de Jehová bendito*" (Job 1:21). Esto demuestra que no es malo tener riquezas o bienes en este mundo; lo malo es amar las riquezas y los bienes más que a Dios. Así que, quien sea capaz de recibir esto que lo reciba. ¡Gloria a Dios!

Un cristiano que vive afanado por las cosas de este mundo es debido a una de dos cosas: no conoce las Escrituras o las conoce, pero no las cree; por lo tanto, no las obedece ni las pone en práctica. Un creyente así tarde o temprano descuidará su relación con Dios, eso es inevitable.

El creyente que vive afanado es porque quiere tener en la tierra lo que Jesús prometió para el cielo. El único antídoto que la palabra presenta contra el afán y la ansiedad es la fe, la confianza en Dios y el contentamiento (Mateo 6:25-34; 1 Timoteo 6:6-8; Hebreos 13:5).

Pérdida de propósito

Otra razón que nos ha traído hasta aquí es la pérdida de propósito y significado como iglesia. Aunque parezca increíble, hay muchas iglesias y miembros de iglesias que no saben ni entienden aún por qué están aquí, ni cuál es su razón de ser. Eso por supuesto afecta en gran manera el funcionamiento de cualquier organismo y difícilmente logrará algo concreto o definido. Una iglesia así se verá afectada por la costumbre y por las tradiciones más que por la palabra de Dios, y se involucrará en todo, menos en lo que realmente importa. A continuación, comparto con ustedes lo que el pastor Rick Warren considera como los cinco propósitos para la iglesia, según Jesús lo dejó establecido en la Gran Comisión en Mateo 28:19-20. Esto fue compartido en la conferencia anual: Una Iglesia con Propósito, celebrada en Saddleback Community Church. *Estos son los cinco propósitos de la iglesia:*

1. *Adoración*, (Amar a Dios con todo el corazón).
2. *Ministerio*, (Amar a tu prójimo como a ti mismo).
3. *Evangelismo*, (Vayan y hagan discípulos).
4. *Comunión*, (Bautizándolos en el nombre del Padre y del Hijo y del Espíritu Santo).
5. *Discipulado*, (Enseñándoles que guarden todas las cosas que os he enseñado).

La iglesia existe para:

1. *Celebrar* LA PRESENCIA DE DIOS, (*Adoración*).
2. *Comunicar* LA PALABRA DE DIOS, (*Evangelismo*).
3. *Incorporar* LA FAMILIA DE DIOS, (*Comunión o compañerismo*).
4. *Educar* EL PUEBLO DE DIOS, (*Discipulado*).
5. *Demostrar* EL AMOR DE DIOS, (*Ministerio*).

Totalmente de acuerdo; está claro y completo. Estos cinco propósitos son fundamentales para establecer una iglesia saludable que cumpla fielmente con el propósito por el cual Jesús la dejó en la tierra. Una iglesia así no es fácil de establecer, ni es por obra de la casualidad que se establece. Tiene que ser intencional y requiere de gran esfuerzo, tiempo y dedicación. Si no está de acuerdo conmigo en esto, sólo mire a su alrededor. ¿Cuántas iglesias efectivas encuentra? ¿Cuántas iglesias están cumpliendo fielmente la Gran Comisión, tal y como es la voluntad de Dios? No muchas, ¿verdad? Así que cualquier iglesia que deja de ejercer cualquiera de estos propósitos será una iglesia con deficiencia. Si como iglesia perdemos nuestro propósito y razón de ser, no podremos lograr mucho; y si logramos algo, será equivocado. Esa es la importancia de saber y conocer nuestro propósito y razón de ser.

Seguir a Cristo sin cargar su cruz

Hay un problema y mal muy grande que he visto en la vida de muchos que se llaman cristianos. Siguen a Jesús sin cargar su cruz. ¡Eso es imposible! Escuche lo que Jesús dijo en Lucas 9:23, en dos traducciones diferentes:

> *"Entonces dijo a la multitud: **Si alguno de ustedes quiere ser mi seguidor, tiene que abandonar su manera egoísta de vivir, tomar su cruz cada día y seguirme**"* (NTV).
>
> *"Después Jesús les dijo a todos los que estaban allí: **Si alguno quiere ser mi discípulo, tiene que olvidarse de hacer lo que quiera. Tiene que estar siempre dispuesto a morir y hacer lo que yo mando**"* (TLA).

Esto me encanta; la invitación es para todos. El cristianismo no es exclusivista en el sentido de que todos pueden ser cristianos si lo desean, pero a la vez es exclusivista porque sólo aquellos que aceptan el llamado y la invitación de Jesús a seguirle son cristianos. ¡Es maravilloso! Pero, ¿por qué nos cuesta tanto aceptar la invitación tan simple que Jesús nos hace? Porque seguirle en verdad significa morir. Por eso no todos estamos dispuestos a seguirle, porque es necesario renunciar a nosotros mismos, a nuestros deseos y a nuestra voluntad. Renunciar a lo que más queremos y estamos acostumbrados a hacer cuesta y produce dolor.

Lamentablemente muchos cristianos no quieren pagar el precio. Quieren la gloria sin pasar por la cruz, eso no es posible. Jesús, antes de llegar a la gloria y sentarse a la diestra de Dios en las alturas, primero tuvo que pagar el precio, el precio de la obediencia y sumisión. Tuvo que pasar por la cruz. Muchos se confunden en esto y dicen, "Yo no tengo que pagar ningún precio. Jesús ya lo pagó por mí. Soy libre y soy salvo". Esto es verdad en cuestión de la salvación de su alma. Usted no hace nada para ganar la salvación. Pero una vez que es salvo, necesita pagar el precio para mantener su comunión con el Dios que lo salvó. La santificación es un proceso que dura toda la vida y en el cual participamos con Dios. De lo contrario, no habrá comunión. Nadie puede tener comunión con Dios viviendo en tinieblas, nadie. Jesús se sacrificó por usted y por cada uno de nosotros. Ahora nos toca a nosotros responder a ese sacrificio, sacrificándonos por él. ¿Cuál es ese sacrificio? Morir al yo, renunciar a la carne, al pecado y a nuestra voluntad para poder hacer la de Dios. No me diga que a usted no le cuesta vivir en este mundo apartado del pecado. Por supuesto que le cuesta. No me diga que para usted es fácil hacer siempre la voluntad de Dios en todo momento. Sólo los que han pasado por la cruz pueden seguir a Cristo. Los que no, sólo son simpatizantes y le siguen de lejos, sin compromiso. El día que no les guste el mensaje o la ordenanza se van, y vuelven atrás.

Así que entendámoslo, Jesús nos invita a la cruz diariamente. Y la cruz significa para él y para nosotros lo mismo, muerte. Nadie va a la cruz como si fuera a un día de campo, de vacaciones o de diversión, nadie. La carne no quiere ir ahí; la carne huye al sacrificio; la carne no quiere morir, quiere vivir. Pero Pablo dijo que es necesario hacer morir las obras de la carne por el Espíritu (Colosenses 3:5-8; Romanos 8:5-13).

La única manera de seguir a Jesús es cargar nuestra cruz, no hay otra. Si intentamos seguir a Jesús un sólo día, sin cargar nuestra cruz, solamente estamos perdiendo el tiempo y dando un paseo. Es por eso que en la vida de muchos cristianos no hay cambios significativos ni frutos dignos de arrepentimiento porque únicamente han cambiado de una religión a otra, nada más. El cristianismo no es una religión en sí como cualquier otra; el cristianismo es salvación, vida eterna y comunión íntima, todos los días, con el único Dios verdadero y santo.

Hoy día hay muchos predicadores que han quitado deliberadamente la cruz del cristianismo bíblico. ¿Por qué?, porque la cruz ofende al pecador. La cruz es un escándalo para los hombres modernos que piensan, engañados por el pecado, que son buenos, rectos y justos. Están predicando un cristianismo que es invento de los hombres y no un Evangelio bíblico.

1 Corintios 1:17-25 declara:

> *"[17]Pues no me envió Cristo a bautizar, sino a predicar el evangelio; no con sabiduría de palabras, para que no se haga vana* ***la cruz de Cristo****. [18] Porque la palabra de* ***la cruz es locura a los que se pierden;*** *pero a los que se salvan, esto es, a nosotros, es poder de Dios. [19] Pues está escrito: Destruiré la sabiduría de los sabios, Y desecharé el entendimiento de los entendidos. [20] ¿Dónde está el sabio? ¿Dónde está el escriba? ¿Dónde está el disputador de este siglo? ¿No ha enloquecido Dios la sabiduría del mundo? [21] Pues ya que en la sabiduría de Dios, el mundo no conoció a Dios mediante la sabiduría, agradó a Dios salvar a los creyentes por la locura de la predicación. [22] Porque los judíos piden señales, y los griegos buscan sabiduría; [23]* ***pero nosotros predicamos a Cristo crucificado****, para los judíos ciertamente tropezadero, y para los gentiles locura; [24] mas para los llamados, así judíos como griegos, Cristo poder de Dios, y sabiduría de Dios. [25] Porque lo insensato de Dios es más sabio que los hombres, y lo débil de Dios es más fuerte que los hombres".*

Si usted es predicador, no quite la cruz del mensaje que predica, aunque ofenda al pecador y a los hombres impíos. Si es un discípulo de Jesús, no quite la cruz y no quiera caminar sin ella; eso es lo que lo hace diferente de los demás.

Todo esto nos muestra que la iglesia no es saludable, está enferma de gravedad. Hay un mal y un problema que la aflige y la priva de cumplir su propósito. Ya hemos descubierto que el mal es interno, viene de adentro. El mal es el pecado y el pecado es producto del descuido espiritual, del afán y del engaño de las riquezas de este mundo y de la pérdida de propósito como iglesia. Y es que cada vez que descuidamos nuestra relación con Dios, empezamos a debilitarnos; no hay fuerza de voluntad ni poder en nosotros y ofrecemos menos resistencia al pecado que nos asedia. Al cometer pecado, mengua nuestra devoción y servicio a Dios, eso es inevitable.

Ahora vayamos más de cerca y hagamos una lista de algunos pecados que como iglesia hemos cometido…

V. LOS PECADOS DE LA IGLESIA HOY

> *"[1]Oíd palabra de Jehová, hijos de Israel, porque Jehová contiende con los moradores de la tierra; porque no hay verdad, ni misericordia, ni conocimiento de Dios en la tierra. [2] Perjurar, mentir, matar, hurtar y adulterar prevalecen, y homicidio tras homicidio se suceden. [3] Por lo cual se enlutará la tierra, y se extenuará todo morador de ella, con las bestias del campo y las aves del cielo; y aun los peces del mar morirán"* (Oseas 4:1-3).

¿Acaso tenemos pecados como iglesia?

Por supuesto que sí, y muchos. Espero que después de leer lo siguiente, no le quede ninguna duda. El pecado ha hecho división entre nosotros y Dios. Isaías 59:1-4 dice:

> *"[1] He aquí que no se ha acortado la mano de Jehová para salvar, ni se ha agravado su oído para oír; [2]* ***pero vuestras iniquidades han hecho división entre vosotros y vuestro Dios, y vuestros pecados han hecho ocultar de vosotros su rostro para no oír.*** *[3]Porque vuestras manos están contaminadas de sangre, y vuestros dedos de iniquidad; vuestros labios pronuncian mentira, habla maldad vuestra lengua. [4] No hay quien clame por la justicia, ni quien juzgue por la*

verdad; confían en vanidad, y hablan vanidades; conciben maldades, y dan a luz iniquidad".

Y si Dios no está con nosotros por causa de nuestros pecados, entonces estamos solos en este mundo queriendo hacer la obra de Dios sin su ayuda y sin el poder de Dios, lo cual es prácticamente imposible. El pecado es la razón de la falta de poder en la iglesia hoy. Hay división entre Dios y su pueblo. No hay unidad, y si no hay unidad entre Dios y su pueblo, él no puede operar maravillas, señales, milagros, ni prodigios. Pero no es porque Dios haya perdido el poder, sino más bien es porque la iglesia ha dejado de ser efectiva por haber dejado a Dios. Cuando la sal pierde su sabor, no sirve más para nada, sino para ser echada fuera y ser hollada por los hombres (Mateo 5:13-16). Cuando la lámpara se ha apagado, no hay brillo, ni luz, ni calor. La iglesia no tiene poder porque ya no hay fuego en el altar, se ha extinguido por falta y descuido nuestro.

Analicemos la siguiente *Lista de los PECADOS de la iglesia que obstaculizan el avivamiento* según escribió el pastor y evangelista Oswald J. Smith en su libro "*Pasión por las almas*". Le recomiendo encarecidamente que lea este libro si aún no lo ha hecho. Oswald escribió:

"Ahora tomemos nuestros pecados uno a uno y tratemos por separado con cada transgresión. Y preguntémonos lo siguiente. Puede que seamos culpables y que Dios nos vaya a hablar:

1. ¿Hemos *perdonado* a todos? ¿Existe alguna malicia, rencor, odio o enemistad en nuestros corazones? ¿Alimentamos resentimientos, y hemos rehusado reconciliarnos?
2. ¿Nos ponemos *coléricos*? ¿Nos exaltamos por dentro? ¿Es verdad que aún perdemos los estribos? ¿Acaso la ira se apodera en ocasiones de nosotros?
3. ¿Hay sentimientos de *celos*? Cuando se prefiere a otro antes que a nosotros, ¿nos invade la envidia? ¿Tenemos celos de aquellos que pueden orar, hablar, y hacer las cosas mejor que nosotros?
4. ¿Nos volvemos *impacientes* e *irritables*? ¿Acaso hay pequeñas cosas que nos abruman y enojan? O ¿somos dulces, calmados e inconmovibles bajo todas las circunstancias?

5. ¿Se nos *ofende* fácilmente? Cuando la gente no se da cuenta de nuestra presencia y nos esquiva sin dirigirse a nosotros, ¿nos duele? Si se hace mucho sin nosotros y a nosotros se nos deja a un lado, ¿Cómo nos sentimos acerca de ello?
6. ¿Hay algún *orgullo* en nuestros corazones? ¿Nos hinchamos? ¿Nos creemos mucho por nuestra propia posición y consecuciones?
7. ¿Hemos sido *deshonestos*? ¿Están nuestros negocios abiertos y limpios de toda censura? ¿Damos un metro por un metro, y un kilo por un kilo?
8. ¿Hemos estado *murmurando* de otras personas? ¿Calumniamos el carácter de otros? ¿Somos chismosos y entremetidos?
9. ¿*Criticamos* sin amor, duramente, severamente? ¿Estamos siempre buscando fallos y buscando las equivocaciones de los demás?
10. ¿Le *robamos* a Dios? ¿Le robamos tiempo que le pertenece a él? ¿Hemos retenido nuestro dinero?
11. ¿Somos *mundanos*? ¿Nos gusta el brillo, la pompa, y la gloria de esta vida?
12. ¿Hemos *robado*? ¿Tomamos cosas pequeñas que no son nuestras?
13. ¿Anidamos en nosotros un espíritu de *amargura* hacia otros? ¿Hay odio en nuestro corazón?
14. ¿Están nuestras vidas llenas de *ligereza* y *frivolidad*? ¿Es nuestra conducta indecorosa? ¿Consideraría el mundo, por nuestras acciones, que estamos de su lado?
15. ¿Hemos *dañado a alguien* y no hemos hecho restitución? O ¿nos ha poseído el espíritu de Zaqueo? ¿Hemos restaurado las muchas pequeñas cosas que Dios nos ha mostrado?
16. ¿Estamos *preocupados* o *ansiosos*? ¿Dejamos de confiar en Dios en cuanto a nuestras necesidades temporales y espirituales? ¿Estamos continuamente sufriendo futuras penalidades sin haber llegado a ellas?
17. ¿Somos culpables de *inmoralidad*? ¿Dejamos que nuestras mentes aniden imaginaciones impuras e impías?

18. ¿Somos *veraces* en nuestras afirmaciones, o exageramos y con ellas transmitimos falsas impresiones? ¿Hemos mentido?
19. ¿Somos culpables del pecado de *incredulidad*? A pesar de todo lo que él ha hecho por nosotros, ¿rehusamos aún creer su Palabra? ¿Murmuramos y nos quejamos?
20. ¿Hemos cometido el pecado de la *falta de oración*? ¿Somos intercesores? ¿Oramos? ¿Cuánto tiempo pasamos en oración? ¿Hemos permitido que las muchas ocupaciones desplacen a la oración de nuestras vidas?
21. ¿Somos *negligentes* para la lectura de la Palabra de Dios? ¿Cuántos capítulos leemos al día? ¿Somos estudiosos de la Biblia? ¿Sacamos de las Escrituras nuestro aprovisionamiento?
22. *¿Hemos dejado de confesar a Cristo de manera abierta*? ¿Nos avergonzamos de Jesús? ¿Cerramos nuestras bocas cuando nos vemos rodeados por personas del mundo? ¿Estamos testificando a diario?
23. *¿Tenemos carga por la salvación de las almas*? ¿Tenemos amor por los perdidos? ¿Hay alguna compasión en nuestros corazones por los que están perdidos?
24. ¿Hemos perdido *nuestro primer amor* y ya no tenemos fervor hacia Dios?

Estas son las cosas, tanto positivas como negativas, que detienen la obra de Dios en medio de Su pueblo. Seamos honrados, y llamemos las cosas por su nombre; 'PECADO' es la palabra que Dios utilizá".[1]

Lo que acaba de leer fue escrito por el pastor Oswald J. Smith en el siglo pasado, en 1950 para ser exacto. Todos los pecados de esa lista son obstáculos al avivamiento. Si esa era la condición de la iglesia hace aproximadamente setenta años, se imagina si el señor Oswald estuviera vivo hoy lo que escribiría sobre el tema. ¡Oh, cómo nos hemos olvidado de Dios y cuánto nos hemos apartado

---

1 Oswald J. Smith, *Pasión por las almas*. Editorial Portavoz. Grand Rapids, Michigan, 1984 (p. 63-66).

de él! Pero ¿por qué no se escucha mucho de esto en los púlpitos ni en la literatura de hoy? Esa es una muy buena pregunta, ¿no cree? Preguntémonos también ¿quiénes son los que están predicando? y ¿qué es lo que están predicando? A continuación mencionaré brevemente sólo algunos de los pecados que en la iglesia se cometen hoy, ya sea en pensamiento, palabra, obra u omisión, y que pasan por desapercibidos o son ignorados. Estos son:

La hipocresía

¿Qué es hipocresía? Es esconder sentimientos o intenciones, ser falso o no ser sincero. Todos, de una manera u otra, somos culpables de este pecado. Así es, aun los líderes de la iglesia hemos cometido pecado de hipocresía. Lo más lamentable es que muchos ni siquiera se dan cuenta y no lo reconocen. Alguien dijo que "la hipocresía es como el mal aliento, quien lo tiene no se da cuenta que lo tiene hasta que alguien sincero se lo dice". Hipocresía es honrar a Dios de labios, pero con los hechos negarlo (Mateo 15:8). Como pastores y líderes de la iglesia nos hemos jactado de tener la verdad y predicar la verdad; el problema es que no la hemos vivido, ni hacemos según la verdad de la cual nos jactamos. Se nos olvida que un día daremos cuenta de lo que pensamos, decimos, hacemos o dejamos de hacer. ¡Dios tenga misericordia de nosotros! En Mateo 7:3-5, Jesús dijo: "[3] *¿Y por qué miras la paja que está en el ojo de tu hermano, y no echas de ver la viga que está en tu propio ojo?* [4] *¿O cómo dirás a tu hermano: Déjame sacar la paja de tu ojo, y he aquí la viga en el ojo tuyo?* [5] *¡Hipócrita! saca primero la viga de tu propio ojo, y entonces verás bien para sacar la paja del ojo de tu hermano*". Jesús dice aquí que es hipocresía querer corregir o cambiar la conducta de alguien más cuando nosotros no hemos corregido la nuestra. ¡Cuántos de nosotros no hemos estado en la posición de querer corregir a medio mundo, de mirar los errores de los demás y de pasar por alto los nuestros! Por esto es tan fácil caer en hipocresía. Y es difícil dejar la hipocresía, requiere vigilancia y diligencia. El que esté libre de este pecado, tire la primera piedra.

Divisiones

Mateo 12:25 dice: "*Sabiendo Jesús los pensamientos de ellos, les dijo*: ***Todo reino dividido contra sí mismo, es asolado, y toda ciudad o casa dividida contra sí misma, no permanecerá***". Esto quiere decir que la unidad de la iglesia es imprescindible para su sobrevivencia. Una de las oraciones más importantes que aparecen en la Biblia se encuentra en Juan 17, allí Jesús oró al Padre, para que sus discípulos se mantuvieran unidos. El Señor pidió que la iglesia fuera una. Lamentablemente no sucedió así, o si se ha logrado en algún momento de la historia, ha sido sólo por un breve periodo de tiempo. Por ejemplo, en el libro de Hechos vemos la iglesia unida en espíritu y en verdad, pero nosotros ahora no lo estamos. No hay unidad, hay división; por lo cual, la iglesia se ha debilitado en gran manera. En teoría, se pudiera decir que existe unidad, pero en verdad no es así. *Estamos juntos, pero no estamos unidos.* ¿Cómo es posible esto? Alguien dijo: "divide y vencerás". La iglesia se debilita cuando se divide. Satanás sabe muy bien el daño que la división causa en la iglesia. Y creo que es el arma más sutil con la cual Satanás ha causado daño a la iglesia, más que con cualquier otro pecado. ¿Cómo lo logró? A través de sembrar *envidias y celos* entre los creyentes. De esa manera, en vez de trabajar juntos y unidos por la misma causa, cada quien trabaja para construir su reino. No tenemos que hablar de movimientos o denominaciones, aun dentro de la misma congregación hay divisiones entre hermanos. Aun los pastores compiten para ver quien predica mejor, los líderes de alabanza hacen lo mismo y así también los diáconos y las diaconisas. En fin, en

---

Las cinco causas principales, y las más comunes, por las cuales la iglesia se divide son:
1. La envidia y ambición de hombres corruptos y réprobos.
2. La falta de justicia y juicio en el pueblo de Dios.
3. La falta de comprensión de la posición que tenemos dentro de la iglesia.
4. Un espíritu de competitividad.
5. La falta de visión y prevención.

---

algunas congregaciones hay tanta división que hasta se puede sentir en el ambiente, se siente la envidia y la falta de cooperación.

Enfrentemos la pregunta: *¿Qué es lo que causa que una iglesia se divida?*

Son muchas y muy variadas las razones, y no es fácil predecir cuándo sucederá la división. Aun así, es posible, después de estudiar por un tiempo la palabra de Dios, encontrar patrones que nos ayuden en esto. He llegado a la conclusión de que el líder juega un papel importante y tiene mucho que ver en el comportamiento y funcionamiento de una iglesia. ¿Acaso debería ser de otra forma? John Maxwell dijo: "*Todo se levanta o se cae por el liderazgo. Sea el gobierno, una escuela, la iglesia o cualquier organización. Todo se levanta o se cae por el liderazgo*".

Estas son las cinco causas principales, y las más comunes, por las cuales una iglesia se divide:

1. La envidia y ambición de hombres corruptos y réprobos.
Santiago escribió: "[1]*¿De dónde vienen las guerras y los pleitos entre vosotros? ¿No es de vuestras pasiones, las cuales combaten en vuestros miembros?* [2]*Codiciáis, y no tenéis; matáis y ardéis de envidia, y no podéis alcanzar; combatís y lucháis, pero no tenéis lo que deseáis, porque no pedís*" (Santiago 4:1-2). Las ambiciones están dentro de nosotros y luchamos con ellas. Si no las controlamos nos destruirán tarde o temprano.

En Números 16 tenemos la historia de la rebelión de Coré. Este hombre por envidia se reveló contra Moisés y contra Aarón. Juntó un grupo de doscientos cincuenta varones de Israel y vinieron contra Moisés. No estaban conformes con el liderazgo de Moisés y ellos también querían poder y autoridad. Se dejaron llevar por la ambición y fueron consumidos por su envidia. Esta fue una de las principales causas de división antes, y lo es ahora. Siempre habrá alguien que se ve fascinado por el ministerio pastoral dentro de la iglesia y buscará abrirse camino a como dé lugar. Pero estas no son sanas ni buenas motivaciones para ocupar un lugar de liderazgo. Esta es la causa del por qué hay tanto abuso y falta de responsabilidad en los púlpitos de muchas iglesias. Muchos se pusieron a sí mismos en ese lugar y no fue Dios quien los puso. El pastorado es sólo para aquellos que son llamados por Dios para ejercer este ministerio; de lo contrario será un fracaso, aunque se tengan buenas intenciones, habilidades y se esté bien capacitado. Hebreos 5:4 dice al respecto: "*Y nadie toma para si esta honra, sino el que es llamado por Dios, como lo fue Aarón*". Más claro no puede ser, sólo los que son llamados por Dios deberían ejercer la función de pastor dentro de la iglesia y no aquellos que se sienten capaces de hacerlo. Pues si lo hacen por cualquier otro motivo causarán mucho daño a sí mismos, a su familia y a la iglesia, tanto local como general.

2. La falta de justicia y juicio en el pueblo de Dios.
En el punto anterior mencioné que la causa número uno de la división en la iglesia es la envidia y la ambición. En segundo lugar, puedo decir sin temor a equivocarme que la división en la iglesia surge y se da debido a la falta de juicio y a la incapacidad de juicio del líder. En el primer libro de Reyes capítulo 12, aparece la historia del joven Roboam, quien fue hijo del rey Salomón y quien le sucedió en el trono. Este rey cometió un acto de imprudencia y poco juicio tan pronto como ascendió al trono. ¿Cuál fue el resultado de su imprudencia? La división del reino. Israel quedó dividido desde ese incidente. No creo que sorprenda a nadie decir que en la iglesia muchos líderes son soberbios, caprichosos e intolerantes. Son ellos mismos los que provocan la rebelión del pueblo con sus acciones y no dejan alternativa. La falta de juicio y justicia ha llevado y llevará a muchas iglesias a la división. Proverbios 11:14 dice: "***Donde no hay dirección sabia, caerá el pueblo****; más en la multitud de consejeros hay seguridad*". Todo pastor debe rodearse de líderes sabios, aquellos que han aprendido a través de las experiencias de la vida. Roboam, siendo un rey joven e inexperto, tomó el consejo de jóvenes inexpertos como él y sufrió las consecuencias de sus decisiones. Recuerde la cita de Maxwell: "Todo se levanta o se cae por el liderazgo".

3. La falta de comprensión de la posición que tenemos dentro de la iglesia.
Entre más alta sea la posición, más y mayor influencia tendrá el líder. Esto a su vez conlleva más responsabilidad. Estar o tener la

posición de líder en la iglesia sirve para desde ahí poder influenciar al mayor número de personas que nos sea posible de manera positiva. Esta es la razón del por qué la posición de liderazgo es importante. Anteriormente consideramos la vida de tres líderes del pueblo de Dios, Elí, Saúl y David. Cada uno fue llamado y escogido por Dios y le fue dada una posición para cumplir su misión. Podemos aprender de sus aciertos, así como de sus errores. Como creyentes no debemos buscar posición dentro de la iglesia, pero cuando Dios nos la da, entonces debemos usarla responsablemente para desde ahí poder cumplir la voluntad de Dios para nuestras vidas.

Los evangelios relatan que un día la madre de Santiago y Juan, los hijos de Zebedeo, le hizo una petición a Jesús (Mateo 20:20-28). No sé si la idea salió de Santiago y Juan o de su madre, pero como haya sido no estuvo nada bien. Ellos buscaban una posición en el reino de Dios. Jesús les respondió que no sabían lo que pedían, y les dio una lección muy importante para ellos y para nosotros también. Jesús les enseñó que en el reino de Dios no es como en el reino de los hombres. Más bien es todo lo contrario, el mayor es el menor y el menor es el mayor. Esto es, vivimos en un mundo al revés. Ahora, ¿qué provocó en el resto de los discípulos la actitud de Santiago y Juan de buscar posición? El pasaje declara que los discípulos se enojaron en gran manera contra ellos. Si esto fue lo que provocó en ellos, esto es lo que provocará en nosotros ahora.

Nunca olvidemos que sólo somos servidores de Dios y que la posición de liderazgo la debemos tomar sólo si el Señor nos la da. De lo contrario debemos estar contentos con lo que tenemos ahora. Ya llegará el tiempo cuando Dios nos dará la posición que él quiere, cuando él quiera. El apóstol Pablo escribió: "*Así, pues, ténganos los hombres, por servidores de Cristo, y administradores de los misterios de Dios. Ahora bien, se requiere de los administradores, que cada uno sea hallado fiel*" (1 Corintios 4:1-2). Permanezcamos y seamos fieles a Dios donde quiera que él nos haya colocado.

4. Un espíritu de competitividad.

Creo que esto tiene mucha relación con lo dicho anteriormente; y puedo decir que cuando se tiene un espíritu de competitividad en la iglesia, es cuando nacen las envidias y celos que provocan discordias entre hermanos. En el cristianismo la competición es mala, pero la cooperación es buena y necesaria. En el mundo de los negocios y los deportes la competición es buena porque lo que se busca es ser el mejor o llegar primero. Y muchas veces para lograrlo, tienen que pasar por encima de los demás. Pero en la iglesia, dijo Jesús, no será así. Se debe buscar llegar unidos a la meta, no solos. Por lo tanto, cooperamos unos con otros y no nos estorbamos unos a otros. La competición despertará en los demás y en nosotros envidias, celos, contiendas, etc. En cambio, la cooperación despertará en nosotros el compañerismo, la amistad, los buenos deseos, el buen ánimo, etc. Podemos decir que la cooperación sacará lo mejor de nosotros mientras que la competición sacará lo peor de nosotros.

Es responsabilidad de cada pastor fomentar en la iglesia la cooperación y enseñar y adiestrar periódicamente a los miembros sobre los dones y ministerios que Dios ha dado a cada uno. Si como pastores fuera nuestro anhelo y deseo erradicar la ignorancia que hay en los hombres acerca de Dios y lo persiguiéramos con empeño, el Señor nos ayudaría; y sería en gran manera exaltado, y la tierra sería llena del conocimiento de la gloria de Dios. En última instancia, este es el anhelo de Dios: usarnos para mostrar su gloria y poder en la tierra. Cooperemos con Dios, sigamos sus planes y propósitos, no los nuestros.

5. *La falta de visión y prevención.*

Una causa más de división que he visto repetirse con demasiada frecuencia en la iglesia es esta: la falta de visión y prevención en el ministerio pastoral. Hay muchos pastores enamorados y casados con sus púlpitos. Por esa razón no pueden ver que un día ellos no estarán más aquí y que, tarde o temprano, alguien más tomará su lugar. Se aferran al púlpito con las dos manos hasta que llega su muerte. Por favor, no me mal entienda. Sé que es noble que un pastor esté comprometido con Dios en su servicio, y debe ser así. Pero eso no debería llevarnos al borde de la insensatez. Como pastores debemos reconocer nuestras limitaciones y capacidades. Somos humanos y un día, tarde o temprano, moriremos. Las

Escrituras revelan que hay un sólo Sumo Sacerdote que durará para siempre y ese es nuestro Señor Jesucristo. Todos los demás somos temporales.

Las Escrituras fueron dadas para nuestro provecho y enseñanza (Romanos 15:4). El Señor nos ha dado acceso a todo su consejo. Números 27:12-23 presenta la historia del día en que Dios le dijo a Moisés que él no continuaría más adelante, que no cruzaría el Jordán. ¿Qué hizo Moisés? ¿Se puso a llorar? No, Moisés sabiamente le pidió al Señor que pusiera a alguien más en su lugar, alguien que le sucediera en el liderazgo. Moisés bien pudo promocionar a alguno de sus hijos, pero no lo hizo porque era varón prudente y entendido en la palabra. Sabía que era mejor que Dios escogiera y no él. Sabía que el pueblo no era suyo sino de Dios. ¡Oh, si tan sólo entendiéramos y aplicáramos eso los líderes de hoy, cuán bendecida sería la iglesia! Moisés presentó a su sucesor antes de morir y no dejó el problema a otros. Se imagina el problema que hubiera surgido si no lo hubiera hecho así. ¿Cuántos se habrían peleado por el puesto? Aprendamos de los ejemplos que la Biblia nos presenta. Preparemos a quien tomará nuestro lugar cuando ya no estemos aquí, y la iglesia será bendecida. Sepamos reconocer nuestra incapacidad y nuestras limitaciones; y cuándo sea el tiempo de retirarnos, dejemos que otro tome nuestro lugar.

No todo es culpa del pastor o líder, pues se entiende que el pastor no puede controlar las mentes y las decisiones que cada persona toma. Sin embargo, sabemos que el liderazgo es influencia. Hay dos clases de líderes: Unos *sirven al pueblo* y otros *se sirven del pueblo*. Los primeros cargan al pueblo sobre sus hombros y los levantan; estos buscan la gloria de Dios. El segundo grupo de líderes son los que se suben sobre los hombros de los demás y los derriban; estos buscan su propia gloria. La gran diferencia entre ellos es que los primeros sirven a Dios y los segundos se sirven a sí mismos. ¿Cuál de estos define y describe mejor su liderazgo y ministerio?

Me es necesario decir lo siguiente, porque sería injusto condenar a todos en esto. Personalmente conozco pastores que han dedicado toda su vida al servicio de la iglesia, pero la iglesia (especialmente la hispana) no ha remunerado de manera justa a sus pastores. Muchos de ellos tienen que trabajar hasta el último día de su vida porque no tienen un sistema de retiro o pensión para después del ministerio. Es por eso que dan hasta la última gota de su sangre en el púlpito. Oro a Dios para que los concilios y ministerios independientes piensen en esto y den solución rápida a este serio problema que afecta a tantos hombres santos de Dios, y les alivien de esta carga. No que el ministerio sea carga, la carga es no poder retirarse cuando es tiempo de hacerlo, por no tener un sostén económico después del ministerio pastoral. Seamos justos y prudentes por el bien de la obra.

Pecados de la lengua

Sabemos que las relaciones con nuestros semejantes, familiares, amigos, compañeros de trabajo o hermanos de la iglesia no son fáciles de llevar. No todas las personas nos caen bien, ni nosotros les caemos bien a todos. Esto es parte de nuestra naturaleza humana caída; somos egoístas y queremos que las cosas se hagan a nuestra manera, pero no siempre puede ser así. Debido a esto, surgen o surgirán desacuerdos y conflictos en los cuales nos veremos tentados a cometer pecados de la lengua tales como: falsos testimonios, chismes, críticas, murmuraciones, etc. Gracias a Dios tenemos las Escrituras, las cuales nos ayudan a comprender de donde surge todo este mal. El apóstol Santiago escribió lo siguiente en Santiago 3:2, 5, 6, 8:

> "[2] *Porque todos ofendemos muchas veces. Si alguno no ofende en palabra, éste es varón perfecto, capaz también de refrenar todo el cuerpo.* [5] *Así también la lengua es un miembro pequeño, pero se jacta de grandes cosas. He aquí, ¡cuán grande bosque enciende un pequeño fuego!* [6] *Y la lengua es un fuego, un mundo de maldad. La lengua esta puesta entre nuestros miembros, y contamina todo el cuerpo, e inflama la rueda de la creación, y ella misma es inflamada por el infierno.* [8] *pero ningún hombre puede domar la lengua, que es un mal que no puede ser refrenado, llena de veneno mortal*".

El apóstol nos ayuda a comprender cosas importantes al respecto. El dijo: "***Todos ofendemos muchas veces*** *y la lengua es un fuego, un mundo de maldad*". Todos de una manera u otra hemos cometido este pecado al menos una vez en la vida, y sabemos también de la destrucción y el daño que causa este pecado en la vida de una persona, familia u organización. Aun cuando el chisme, la crítica o la murmuración parezca inofensivo al que lo comete, lo cierto es que es producto de la perversidad de un corazón no sano ni bien intencionado. Como dijo el apóstol, un pequeño fuego parece inofensivo y puede ser apagado cuando empieza, pero si se ignora y se alimenta, terminará destruyendo miles y miles de hectáreas de bosque, causando muerte y destrucción a su paso hasta destruirlo todo. Santiago también dijo que la lengua es inflamada por el infierno. Esto quiere decir que quien se da a este tipo de pecado, y no tiene control de su lengua, está siendo usado como un instrumento del diablo.

El apóstol afirma que ningún hombre puede controlar la lengua. Esto nos deja sin ninguna oportunidad. Si nadie puede controlar la lengua, entonces para que intentarlo. ¿Qué hacer entonces si tenemos problemas con la lengua? ¿Acaso hay esperanza?, por supuesto que sí. Lo que Santiago declara es que el hombre natural (terrenal) no puede controlar la lengua, pero el hombre espiritual, regenerado, nacido de nuevo y sometido al Espíritu Santo sí puede. Es maravilloso lo que el Espíritu Santo hace en nosotros: nos da vida nueva y nos devuelve el control de nuestros cuerpos, el cual habíamos perdido. El Espíritu es quien nos da el dominio propio, que es como el freno en los caballos, tal y como lo expresó el apóstol Santiago. Así que nuestra esperanza es Dios; sometámonos a él.

Así que, si es como yo y ha cometido pecado de la lengua, seamos humildes, humillémonos, pidamos perdón a Dios y a quienes hemos ofendido y restituyamos el daño que hemos causado. Una vez que lo hayamos hecho, seamos sabios y prudentes y guardemos nuestra boca para no hablar mal. Salmos 34:13 dice: "*Guarda tu lengua del mal, y tus labios de hablar engaño*".

Discordias y pleitos entre hermanos

Es difícil creer las razones insignificantes por las cuales en la iglesia hay discordias y pleitos entre hermanos, pero existen y se dan con mucha frecuencia. Por ejemplo, si pintan el edificio de color azul, otros quieren amarillo. A unos les gusta el color de las cortinas y a otros no. A unos les gusta que en la iglesia se canten coritos antiguos y a otros cantos contemporáneos. Esto sólo por mencionar algunas cosas, y aún no he mencionado nada en cuestiones de teología y doctrina, pero en esto también sabemos que unos creen de un modo y otros de otro. Casi en todas nuestras relaciones, en el trato con los demás, saldrá a relucir nuestro egoísmo si no somos cuidadosos. Esto no quiere decir que debemos disimular y ser hipócritas, sino más bien que debemos crucificar nuestra carne y someternos a Dios. Debemos entender también que la iglesia está compuesta de gente regenerada, no perfecta, y que todos tenemos gustos y preferencias diferentes. No hay uno sólo que no tenga falta alguna. Todos estamos en el proceso de transformación, unos más avanzados que otros, pero nadie ha llegado a la perfección aún. Por lo tanto, deberíamos ser tolerantes, pero muchas veces se nos olvida. Debiera ser que entre más conozcamos a Dios, más tolerantes debiéramos ser. Lamentablemente no sucede así. ¿Por qué será que algunos entre más tiempo tienen en la iglesia, más intolerantes se vuelven? Creo que se da porque hemos caído en religiosidad, o porque hemos caído en la tentación de pensar que somos los únicos correctos y que todos los demás están equivocados. Eso es un grave error y un mal muy grande que debe ser erradicado. La tolerancia es una virtud que desarrollamos, pero sólo si estamos dispuestos a pasar por alto las ofensas y los errores de los demás. San Agustín de Hipona, dijo: "En lo que es esencial, unidad; en lo que no lo es, tolerancia; y en lo demás, aplica el amor". Y el pastor Chuck Smith decía: "Bienaventurados los flexibles porque ellos no serán quebrados". No debemos buscar la iglesia perfecta porque no existe. No hay un sólo hombre en la tierra que sea perfecto, cuanto menos muchos. Al que sí debemos buscar es a Dios, quien es el único ser perfecto y no fracasaremos ni seremos decepcionados cuando lo encontremos. Ojalá y aprendamos a ser más tolerantes unos con otros para no dividirnos tanto. Si hemos de crecer en tolerancia unos para con otros, debemos ser intencionales. De igual modo es si queremos dejar los pleitos y las discordias. Esta es una de las siete cosas que el Señor aborrece según Proverbios 6:16-19.

Inmoralidad sexual

Esto es lo que dice la Biblia respecto al adulterio y sin embargo no hay quien quiera oír el consejo. Proverbios 6:27-29, 32-33 dice:

> "[27]*¿Tomará el hombre fuego en su seno sin que sus vestidos ardan?* [28] *¿Andará el hombre sobre brasas sin que sus pies se quemen?* [29] ***Así es el que se llega a la mujer de su prójimo; no quedará impune ninguno que la tocare.*** [32] *Mas el que comete adulterio es falto de entendimiento; corrompe su alma el que tal hace.* [33] *Heridas y vergüenza hallará, y su afrenta nunca será borrada*".

Dios dice que *nadie* que tocare la mujer de su prójimo quedará impune, nadie. Sin embargo, la pornografía, la lujuria, la lascivia, la fornicación, el adulterio, y muchos pecados como estos, son los que se practican en la iglesia hoy. Hay tanta carnalidad que es común escuchar que muchos creyentes están cometiendo este tipo de pecados. No sólo se escucha esto de los miembros de la iglesia, sino que lamentablemente se oye de pastores y líderes, quienes están viviendo en inmoralidad sexual y siguen sirviendo como si nada malo aconteciera. Han adormecido su conciencia o han perdido la vergüenza. ¿Cuál es el resultado cuando un pastor o líder comete adulterio? Las ovejas sufren y pierden la confianza en la iglesia. Las familias y la iglesia se dividen. Muchos se apartan de la iglesia, pero lo más grave es que quedan tan dañados que la mayoría se apartan de Dios y ya no quieren saber nada más de él. Como si Dios hubiera sido quien les ha fallado, pero ellos no lo entienden así. Aun para los que son maduros en la fe, no es fácil asimilar una situación así. ¡Cuánto más para los que aún son niños (débiles e inmaduros)! Por eso, debemos ser cuidadosos con nuestra conducta para no servir de tropiezo a los demás. Jesús advirtió y dio una condena muy seria al respecto en Mateo 18:6-9. El apóstol Pablo nos exhorta a huir de las pasiones juveniles (2 Timoteo 2:22), porque de lo contrario sufriremos afrenta y dolor. En casos de inmoralidad sexual es mejor salir huyendo, tal y como lo hizo José ante la esposa de Potifar. Mejor es que se diga: "Aquí corrió, que aquí quedó". Tengamos cuidado con la inmoralidad sexual. Si está siendo tentado huya, escápese; es posible hacerlo. Dios le dará siempre una salida; búsquela, no la cierre.

Idolatría

¿Qué es idolatría y por qué es pecado? Idolatría es todo aquello que ocupa el lugar de Dios en nuestras vidas y que estorba nuestra relación con él y nuestra devoción a él. Esta es la primera prohibición y advertencia que encabeza la lista de los Diez Mandamientos dados por el Señor a su pueblo en Éxodo 20:1-17 y en Deuteronomio 5:6-21. El pecado de idolatría es muy serio, es abominación a Jehová. Es justo que Dios lo castigue severamente. ¿Por qué? Porque Jehová es grande, poderoso y temible. En cambio, el ídolo mudo es falso, es vano y es nada comparado a Dios. Hay una gran diferencia entre el único Dios vivo y verdadero y un ídolo muerto; por bonito y adornado que sea, está muerto y sin valor. Cómo no ha de enojarse Dios cuando ve a su creación postrarse y adorar las cosas que son inferiores a él, es decir, cosas inanimadas, aquello que no tiene vida ni poder alguno. Esto es ofensivo y desagradable ante los ojos de él. Es completamente absurdo ver que un ser inteligente se rinda y se postre ante lo que no tiene inteligencia. Por increíble que parezca, la idolatría es uno de los pecados más comunes y peligrosos.

Como cristianos nos horrorizamos cuando leemos en las Escrituras que Israel se apartó del Señor para servir a otros dioses. Y decimos ¿cómo fueron tan ciegos que pudieron cometer semejante pecado? ¿Cómo pudieron abandonar al Dios vivo para servir a los que no son dioses? Pero más ciegos somos nosotros que leyendo y viendo todas sus experiencias, cometemos el mismo pecado hoy. ¿Cómo hacemos eso? Hoy mismo hay muchos cristianos postrándose y adorando dioses falsos. Es verdad que ya no adoramos dioses de madera, de metal, o imágenes mudas como muchos de nosotros solíamos hacerlo antes, pero los ídolos que muchos adoran hoy no se pueden ver a simple vista ni son fáciles de identificar. Por ejemplo: la avaricia, el placer, el entretenimiento, el trabajo, etc., todos estos y muchas otras cosas más, se han convertido en ídolos modernos.

Estoy seguro que nadie que se dice ser cristiano haría de manera deliberada una imagen física del dinero, del trabajo o de los placeres, etc., pero de manera sutil muchos cristianos en su corazón han construido altares a estos ídolos sin darse cuenta. Se adora lo que más se ama y se ama lo que más se adora. Un ídolo puede ser la casa, el carro, el trabajo, los padres, la esposa, los hijos, el negocio, el trabajo, el placer, el entretenimiento, la diversión, etc. Y usted se postra a adorarlos cuando les da más prioridad e importancia a ellos que a Dios. Si usted es cristiano y ha hecho algo así, si ha puesto a algo o alguien por encima de Dios, es culpable del pecado de idolatría. Es una insensatez pensar que por el hecho de ser cristianos ya no podemos cometer este pecado. Israel lo cometió, aunque vio todas las señales y milagros que Dios hizo en ellos y por ellos, pero aun así se desviaron.

Lo más sutil y común que he visto cometer en los más de veinte años de ser cristiano es el pecado de avaricia que es idolatría, según la Biblia. Es impresionante la cantidad de veces que Dios nos advierte en su palabra respecto a no amar el dinero ni las cosas materiales (Colosenses 3:5; Efesios 5:5; Proverbios 1:19, 28:22; Lucas 12:13-21; 1 Timoteo 6:6-19). La avaricia es idolatría y aflige a tantos cristianos, que ha menguado la efectividad de la palabra en sus corazones. Jesús dijo que nadie puede servir a dos señores (Mateo 6:24; 13:22). El apóstol Juan termina su primera carta con esta advertencia y consejo para nosotros: "*Hijitos, guardaos de los ídolos. Amén*" (1 Juan 5:21). Cuidemos nuestro corazón (Proverbios 4:23) porque es engañoso (Jeremías 17:9). Incluso, la Biblia declara que como ídolos e idolatría es la obstinación delante de Dios (1 Samuel 15:23). Si encontramos algo así en nuestro corazón, renunciemos y huyamos de ello ahora mismo.

Incredulidad

¿Será que un cristiano puede cometer pecado de incredulidad?, por supuesto que sí. Hay muchas cosas que nos parecen imposibles o increíbles, y cuando dejamos de creerlas caemos en incredulidad. La incredulidad es falta de confianza o falta de fidelidad. Recuerda a Tomás, uno de los discípulos de Jesús. Los demás le contaron que habían visto al Señor resucitado y él no les creyó. Y cuando el Señor se les apareció otra vez, reprendió a Tomás y le dijo: "*y no seas incrédulo, sino creyente*" (Juan 20:24-29). Ahora, ¿Tomás creía en Jesús o no creía? Por supuesto que sí creía. Era un discípulo, pero lo que no creía, en este caso, era que Jesús hubiera resucitado de los muertos. Era incrédulo a lo que le estaban diciendo los discípulos, que habían visto a Jesús resucitado.

Si la fe es una decisión, entonces la incredulidad también lo es. La fe es un trabajo de todos los días. Es decir, no podemos pretender que porque ya creímos ayer, hoy no necesitamos hacerlo. Necesitamos seguir creyendo hoy al igual que ayer, y crecer en esa fe aún más, mañana. Necesitamos permanecer arraigados y firmes en la fe, tal y como se nos exhorta en las Escrituras, porque de lo contrario podemos perderla si nos descuidamos. Creo que esa es la razón por la cual el apóstol Pedro nos exhorta diciendo: "*...creced en la gracia y el conocimiento de nuestro Señor y Salvador Jesucristo*" (2 Pedro 3:18b). Entre más conocemos la gracia del Señor, más crece nuestra fe y de esa manera nos apartamos más de la incredulidad.

La manera en que vivimos demuestra y revela lo que creemos. Todos los días tenemos que decidir si creemos que Dios suplirá todas y cada una de nuestras necesidades, o si no lo hará. Cuando vivimos afanados por la vida, pensando en qué comeremos o vestiremos, estamos demostrando que no creemos en la fidelidad de Dios (Mateo 6:25-34). De igual manera, si vivimos llenos de temor, es porque no creemos que Dios nos protegerá (Isaías 41:10). La falta de obediencia a la palabra de Dios es muchas veces prueba de la incredulidad. El que le cree a Dios le obedece. No puede haber fe sin obediencia, eso es imposible. Por esta razón el apóstol Santiago dijo que "*la fe sin obras* (obediencia) *es muerta en sí misma*" (Santiago 2:17). Aunque diga que tiene fe, pero si no hay obra (obediencia) ante Dios es como si fuera incredulidad. La fe sin obras no sirve. Corrie Ten Boom la cristiana holandesa que ayudó a muchos judíos a escapar de los Nazis, dijo: "La fe ve lo invisible, cree lo increíble y recibe lo imposible".

Amarguras y resentimientos

Hebreos 12:15 dice: "*Mirad bien, no sea que alguno deje de alcanzar la gracia de Dios; que, brotando alguna raíz de amargura, os estorbe, y por ella muchos sean contaminados*". Tal vez no sea gramaticalmente correcto decirlo así, pero las amarguras son amargas. Amargan el alma y afligen el corazón. Muchos cristianos que asisten a la iglesia regularmente, semana a semana, viven cautivos y afligidos a diario por resentimiento, rencor, odio, falta de perdón y deseo de venganza. Todas estas emociones y sentimientos se albergan en el corazón y se convierten en amargura. No se dan cuenta del daño que les causan a sí mismos. La amargura los paraliza y los priva de disfrutar la gracia de Dios en sus vidas, y de servirle con gratitud y gozo. Nadie disfrutará su relación con Dios si en su corazón guarda rencor y amargura. No importa la cantidad de daño que le hayan hecho y que haya sufrido, Dios quiere liberarle de todo peso que usted lleva en su corazón, para que disfrute y viva la vida abundante que él tiene para cada uno de sus hijos.

El gran líder africano Nelson Mandela dijo: "El resentimiento es como beber veneno y luego esperar que mate a tus enemigos".[2] Posteriormente dijo: "Mientras salía por la puerta hacia la salida que conduciría a mi libertad, sabía que, si no dejaba atrás mi amargura y mi odio, aún estaría en prisión".[3]

Es tiempo de que muchos salgan de prisión. Dios quiere una iglesia libre no prisionera, para eso envió a Jesús. Juan 8:32 declara: "*Y conoceréis la verdad, y la verdad os hará libres*". Eres libre, en el nombre de Jesús, si tan sólo decides soltar tus cargas y dejas ir

---

2 https://delphipages.live/lista/historia-mundial/hogar/lista/historia-mundial/nelson-mandela-quotes

3 https://frasesbuenas.net/mientras-salia-por-la/

libres a todos y cada uno de aquellos que te han ofendido. Hazlo y sé libre ahora mismo.

Orgullo y soberbia

Dios resiste a los soberbios y da gracia a los humildes (Santiago 4:6; 1 Pedro 5:5). Aunque parezca ilógico e inconcebible y sea difícil de creer, hay mucho orgullo y soberbia en la iglesia. Este problema empieza desde arriba con muchos líderes orgullosos y egoístas. Si un líder tiene problema de orgullo, la iglesia sufrirá. Normalmente un líder orgulloso tiende a ser egoísta, y un líder egoísta no sirve, o de poco sirve. Un líder así hará más mal que bien al pueblo de Dios, porque *"son ciegos guías de ciegos"* (Mateo 15:14), qué en vez de levantar a aquellos que Dios está tratando de levantar los quieren aplastar y sacar del camino, porque tienen miedo de perder su posición. Un líder egoísta le dará más importancia y valor a su posición que a las personas y hará todo lo posible por mantener su posición, aunque dañe a los demás. Por ejemplo, Saúl en el AT o los fariseos en el NT. El orgullo nos priva de cooperar unos con otros y por orgullo limitamos muchos recursos. El orgullo nos ha hecho tanto mal que nos ha arrastrado hasta donde estamos ahora. Esta actitud ha afectado al pueblo de Dios por muchos años. Es hora de que cambiemos, en el nombre de Jesús.

Qué diferente es cuando hay ausencia de orgullo en un líder; es humilde y reconoce los dones, talentos y habilidades que Dios ha dado a otros. El pueblo es bendecido y edificado; hay armonía y crecimiento. Dios envía bendición y vida eterna cuando hay armonía en su pueblo y en su casa (Salmos 133).

Un ejemplo de humildad fue el Faraón que reinaba en Egipto en tiempos de José. Este rey fue sabio y humilde. Jamás consideró que sólo él podía reinar. Cuando descubrió la sabiduría y los dones que Dios le había dado a José, le dio la posición sin importar que José estaba saliendo de la cárcel, sin importar de donde era, y sin importar la edad que tenía (era muy joven para el puesto), etc., etc. Lo único que Faraón sabía y le importaba es que este joven

Con semejantes vicios y pecados, poco avanzaremos en la obra de Dios.

extranjero era un enviado de Dios y muy útil para su pueblo, y le dio la oportunidad de gobernar con él. ¿Cuál fue el resultado de esa actitud del Faraón? Tuvo paz y tranquilidad y todo su pueblo fue preservado.

Si queremos ver la gloria de Dios obrando con poder en y a través de su iglesia, renunciemos a todo orgullo, egoísmo y jactancia ahora mismo, empezando por los pastores y líderes.

Falta de compromiso

¿Ha visto creyentes que un día sirven con emoción a Dios y otro día no? Son creyentes de temporada. Sólo sirven con ánimo cuando todo les va bien, pero cuando las cosas se ponen difíciles, se apartan y ya no sirven al Señor. Esto sucede porque no están comprometidos con Dios y no hay en ellos una entrega total. Es comprensible, si no están convencidos de la verdad, no estarán comprometidos con ella. Una persona así servirá a Dios por temporadas porque no hay plena confianza en él. Aunque esto parezca simple, no lo es, esto es lo que hace la diferencia entre un creyente y otro. Siempre me había preguntado, ¿por qué unos creyentes crecen y maduran en su fe y otros no? Si asisten a la misma iglesia, escuchan el mismo sermón y están en la misma atmósfera, ¿cuál es la diferencia? La diferencia es el nivel de compromiso que cada uno deposita en la verdad que escucha. La Biblia no dice directamente que la falta de compromiso es pecado; sin embargo, es la falta de compromiso lo que lleva a muchos creyentes a cometer infidelidad espiritual y eso sí es pecado. Es el compromiso lo que hará que un creyente se mantenga firme en un mundo tan cambiante y demandante. Tarde o temprano las pruebas llegan a la vida de todo creyente. Si tiene un compromiso firme, podrá seguir su caminar con el Señor; si no tiene un compromiso así, claudicará en su fe.

Cuando Dios liberó a Israel de la esclavitud egipcia, se mezcló gente de otros pueblos y subieron con ellos. Vinieron entre ellos muchos que no eran descendientes de Abraham. Esta gente no estaba comprometida con el Dios de Abraham, y le fueron tropiezo a Israel. En Números 11:4 leemos que tuvieron un vivo deseo por las cosas del pasado. Se acordaron de lo que hacían y comían en Egipto y quisieron volver atrás. Influenciaron a mucho pueblo. Se quejaron, renegaron y se rebelaron contra Dios cuando no tenían lo que querían. Despreciaron al Señor. Provocaron la ira de Dios, y el Señor los castigó por su falta de fe y confianza en sus promesas. Dios prueba la fe de sus hijos y es justo que lo haga. Él probó la fe de Israel pasándolo por el desierto, y sin duda probará también la nuestra. Solamente aquellos que están comprometidos podrán salir bien librados de la prueba cuando llegue. Cuando la escasez aparece, cuando la enfermedad toca a la puerta, cuando las tormentas azotan la barca y cuando las cosas no salen bien, solamente los comprometidos seguirán fieles y firmes sirviendo a Dios.

Jesús demanda la totalidad de nuestro ser. Él no quiere creyentes a medio tiempo, sino a tiempo completo. Si usted no cree que Jesús es digno de su devoción y servicio, entonces usted tampoco es digno de él. Esto no lo digo yo, lo dijo Jesús en Mateo 10:37-38. Si no confía plenamente en él, tampoco él puede confiar sus tesoros eternos en sus manos. Está bien no confiar plenamente en Jesús mientras es nuevo en la fe, cuando aún no conoce bien las verdades eternas, pero eso debe ser por un breve periodo de tiempo. Se espera que todo creyente crezca y madure en su fe y que no se quede estancado en el pantano de las dudas, sino que afirme sus pies en la roca sólida que es Cristo Jesús. Lamentablemente, hay muchos creyentes inmaduros en la iglesia. Muchos saben más de deportes, farándula, tecnología y medios sociales que de la Palabra de Dios. Es por falta de compromiso que no leen, no estudian ni meditan seriamente en la Palabra. Cuando llegan las dificultades, no saben que hacer, reniegan y se apartan del Señor.

Dios usará y será glorificado grandemente en la vida de aquellos hombres y mujeres comprometidos, aquellos que en los tiempos buenos y en los tiempos malos, en las pruebas, en el dolor y en el sufrimiento, pueden con convicción hacer eco de las palabras de Job quien dijo: "*...Jehová dio, y Jehová quitó; sea el nombre de Jehová bendito*" (Job 1:21b). Luego añadió: "*¿Qué? ¿Recibiremos de Dios el bien, y el mal no lo recibiremos? En todo esto no pecó Job con sus labios*" (Job 2:10b). Renuncie al mundo de una vez por todas; la decisión es suya y de nadie más.

No sea cristiano de temporada; comprométase con Dios. No por lo que él vaya a hacer por usted, sino por quien él es y por lo que ya hizo. Eso es más que suficiente razón para depositar en él toda su confianza, él es digno.

A. W. Tozer en su libro "La Búsqueda de Dios" escribió: "Mi deliberada intención es estimular ese deseo de hallar a Dios. Es la carencia de ese deseo, de esa hambre, lo que ha producido la actual situación de desgano, tibieza y desinterés en que está sumida la iglesia. La vida religiosa, fría y mecánica que vivimos es lo que ha producido la muerte de esos deseos. *La complacencia es la enemiga mortal de todo crecimiento espiritual. Si no sentimos vivos deseos de verle, Cristo nunca se manifestará a su pueblo.* ¡Él quiere que le deseemos! Y triste es decirlo, él ha estado esperándonos por mucho tiempo, y hasta ahora ha sido en vano".[4]

Pereza espiritual

Escuchemos algunas de las instrucciones básicas que el apóstol Pablo dio a un joven pastor llamado Timoteo. En 2 Timoteo 2:1-6 y 15-16, le escribió:

> "[1] *Tú, pues, hijo mío,* ***esfuérzate en la gracia que es en Cristo Jesús.*** [2] *Lo que has oído de mí ante muchos testigos,* ***esto encarga a hombres fieles que sean idóneos para enseñar también a otros.*** [3] *Tú, pues, sufre penalidades como buen soldado de Jesucristo.* [4] *Ninguno que milita se enreda en los negocios de la vida, a fin de agradar a aquel que lo tomó por soldado.* [5] *Y también el que lucha como atleta, no es coronado si no lucha legítimamente.* [6] *El labrador, para participar de los frutos, debe trabajar primero.* [15] ***Procura con diligencia presentarte a Dios aprobado, como obrero que no tiene de qué avergonzarse, que usa bien la palabra de verdad.*** [16] *Mas evita profanas y vanas palabrerías, porque conducirán más y más a la impiedad".*

---

4 A. W. Tozer, *La búsqueda de Dios*. The Moody Bible Institute of Chicago. Chicago, Illinois, 1977 (p. 17).

¿Qué ha pasado con esa exhortación? ¿Era sólo para Timoteo? ¿Ha caído en oídos sordos? ¿Por qué los pastores hemos dejado de ser diligentes en nuestro trabajo y hemos descuidado el rebaño? Hay predicación sí, pero no toda predicación es bíblica y ungida. Recuerdo haber leído de un pastor anciano ya retirado quien asistió a una reunión y se le pidió su opinión, después de escuchar predicar a otros más jóvenes. Dijo: "Un predicador tiene luz, pero no tiene fuego y otro tiene fuego, pero no tiene luz". Puede decirse entonces que para que la predicación sea efectiva debe tener luz y fuego a la vez. Pero para que esto exista en la predicación, debe haber lo que dijo uno de los más grandes predicadores del siglo XIX, Dwight L. Moody: "Los dos medios esenciales de gracia, esenciales los dos, son la Palabra de Dios y la Oración... Estos dos medios de gracia deben ser usados en la proporción debida. Si leemos la Palabra y no oramos, podemos engreírnos de conocimiento, sin amor que nos edifique. Si oramos sin leer la Palabra, quedaremos en ignorancia de la mentalidad y la voluntad de Dios, y nos volveremos místicos y fanáticos, expuestos a ser llevados de acá para allá por todo viento de doctrina".[5]

Los pastores se quejan que los hermanos no asisten a la iglesia y no quieren buscar a Dios y los hermanos se quejan que los pastores no se preparan lo suficientemente bien para predicar y que sus sermones son aburridos. Si los demás buscan a Dios o no, ¿a usted qué? Busque usted y será suficiente. Cuando lo vean a usted en fuego, les darán ganas de arder también a ellos.

Cuantos predicadores estamos terminando el sermón apenas horas antes de predicarlo, y eso cuando lo preparamos. Y cuando no lo preparamos, sólo leemos el pasaje, eso es todo lo que tenemos para dar a nuestros oyentes que llegan semana a semana, cansados, hambrientos y sedientos de oír Palabra de Dios, pero sólo pueden escuchar la voz del predicador quien también viene igual que ellos. No debería sorprendernos que la iglesia esté raquítica, desanimada y cansada de escuchar mensajes aburridos que no nutren a nadie. ¿Acaso hay solución? Y, ¿podemos

5 D. L. Moody, *La oración que prevalece*. Editorial Clie. Barcelona, España, 1982 (p. 5).

cambiar esta situación? Por supuesto que sí, sólo tenemos que predicar fielmente el texto, sin sacarlo del contexto y sin añadirle ni quitarle. Como ve, eso es posible, pero no es fácil; porque para lograr una predicación fiel al texto, se requiere de mucho esfuerzo y trabajo de nuestra parte. Requiere horas de estudio, perseverancia y auto disciplina, la cual no tenemos ni estamos dispuestos a adquirir. Si usted supiera cuantos pastores se sienten cómodos y contentos con su estilo de predicación, se quedaría asombrado. Digo que están cómodos y contentos porque no se ve que muevan un sólo dedo para cambiar y mejorar en esa área. Llevan años predicando de la misma manera, que ya ni creen que exista otra. Quieren que más personas escuchen su mensaje, pero ellos siguen con la misma rutina de siempre. Sin pasión, sin unción y sin relevancia. Quieren cambios, pero ellos siguen haciendo lo mismo, eso es una locura.

Cuando digo que los pastores debemos hacer cambios, no me refiero a que hay que rebajar el mensaje o que hay que presentar un espectáculo en el púlpito, no. Me refiero a que debemos, en verdad, esforzarnos para preparar mejores mensajes. Debemos sudar la camisa tal y como el obrero que trabaja fatigado bajo el sol en el surco, o como el atleta que se esfuerza por llegar a la meta y ganar la medalla de oro, o como el soldado que no se rinde ante el enemigo, aunque le cueste la vida (2 Timoteo 2:3-7).

Esa es la clase de esfuerzo que debemos hacer los predicadores para poder lograr una predicación que sea fiel al texto y que Dios pueda bendecir para que llene la necesidad, el vacío y la sed de las almas sedientas. Eso se logra a través del estudio, la perseverancia y la autodisciplina; requerirá esfuerzo, dedicación y pasión.

Lea el siguiente comentario del Dr. Donald R. Sunukjian:

> "La predicación bíblica... Tal predicación será la labor más difícil que haremos, pero también la más excelente. Es la más difícil porque requerirá el uso de la más rigurosa disciplina y habilidad mental que Dios nos ha dado. Nos sentiremos tentados a hacer cualquier cosa menos el estudio juicioso que se requiere. Nos darán ganas de programar reuniones, dar citas

> de consejería, realizar tareas administrativas, limpiarnos las uñas, encontrar un sermón por internet o contentarnos con algún enfoque superficial de nuestro pasaje, con tal de evitar la ardua labor de preparación. La predicación bíblica es lo más difícil que usted hará en la vida, pero también lo mejor. Ciertamente, es lo mejor que podemos hacer por nuestro ministerio y nuestras congregaciones".[6]

A eso yo digo ¡amén! Ese es un sabio consejo, pero ¿seremos lo suficiente sabios para ponerlo en práctica? Nuestro problema en la predicación es que sólo leemos el texto superficialmente y sacamos conclusiones rápidas. Preparamos mensajes microondas que en cinco minutos están listos para predicarse. Así jamás lograremos una predicación bíblica. Hemos olvidado el mandamiento de MEDITAR en la Palabra (Deuteronomio 17:18-20; Josué 1:8: Salmos 1:1-3). No pasamos suficiente tiempo en la presencia de Dios; de esa manera, no podemos oír su voz (Jeremías 23:22). Dios no nos puede hablar porque estamos muy ocupados haciendo cuanta cosa se nos presenta y descuidamos el ministerio. Los apóstoles tuvieron cautela de no descuidar el ministerio que Dios les había encomendado: *la oración y la predicación de la palabra* (Hechos 6:4), pero nosotros lo hemos descuidado.

Un pecado serio que asecha a todo predicador es el pecado de la pereza y la falta de disciplina. Con semejantes vicios y pecados, poco avanzaremos en la obra de Dios. ¿Sabe porque muchos pastores no mejoran su predicación?, por pereza. ¿Sabe porque muchos cristianos no mejoran su conocimiento bíblico y no crecen espiritualmente?, por pereza. ¿Sabe porque hay tanta necesidad de obreros en las iglesias?, por pereza. ¿Sabe porque hay muchos talentos dormidos o inutilizados en el cuerpo de Cristo?, por pereza. Ahora que lo sabe, la pregunta es ¿qué hará usted con su talento y con lo que ahora sabe?

El Dr. J. Vernon McGee, mundialmente conocido por su ministerio radial *A través de la Biblia*, exponiendo sobre Malaquías

---

6 Donald R. Sunukjian, *Volvamos a la predicación bíblica*. Editorial Portavoz. Grand Rapids, Michigan, 2007 (p. 13-14).

1:13, contó que cuando él se recibió de ministro del evangelio, la persona que le dio el cargo destacó *tres grandes pecados que se cometen en el ministerio y que uno debe tratar de evitar.* Son cosas que nunca olvidó. "Quizás no las he seguido bien decía, pero siempre recordaba estos tres pecados":

1. *La pereza.* La razón por la cual no hay muchos expositores de la palabra de Dios en el presente es porque se requiere mucho estudio. Cualquier iglesia que tenga un hombre que es un expositor de la palabra de Dios y que quiere dedicar tiempo al estudio, pues se le debe permitir que estudie. El necesita estudiar, y tiene que hacerlo si va a ser un expositor de la Biblia. Este hombre no puede ser perezoso en este ministerio y progresar. Esta es la deficiencia en muchos pastores. La pereza es un gran pecado y no creemos que Dios tolera algo así. En cierta ocasión un joven quería ir al seminario a estudiar, este joven tenía la idea equivocada de que él podía salir y ser un predicador con sólo permitir que el Espíritu Santo le enseñara. Pero, el Espíritu Santo nunca le ha enseñado a un predicador perezoso. Él le enseña solamente a aquel que está dispuesto a dedicar mucho tiempo al estudio. Este es el primer pecado del ministerio, la pereza.
2. *Una ambición exagerada.* Esto es algo que puede manifestarse en sí mismo en muchas formas diferentes y una de ellas es la codicia: ambicionar la fama, querer ser un gran predicador y querer predicar a una gran multitud. El querer predicar a multitudes y a miles de personas es un gran pecado hoy. Estamos convencidos que los grandes predicadores de hoy no están en las mega iglesias y que no son ellos los que siempre reúnen grandes multitudes. En cierta ocasión un joven presentó un gran sermón en una iglesia, y no había ahí ni cien personas en la audiencia. Pero fue un gran sermón expositivo. Es agradable ver que un joven predique de esa manera. Alguien que le escuchó le preguntó cuánto tiempo había dedicado para preparar ese sermón. Él dijo que había estado trabajando en el sermón toda la semana. Quizás había dedicado

unas veinte horas. Él estaba dispuesto a ser pastor de un pequeño grupo de personas. Hay muchos que tienen la idea de ser grandes predicadores e ir a predicar a una iglesia numerosa.

3. *Ser monótono y aburridor.* Esto es demostrar tedio y ser cansador. Y la razón de esto es que el predicador no dedica suficiente tiempo a estudiar la Biblia. El hombre no necesita tener carisma, no es necesario tener eso. No hay ninguna excusa en el día de hoy para ser un predicador apático, demasiado prosaico, sin color y sin brillo. Un gran escritor de obras teatrales no escribe las cosas sin pensarlas bien. Pensemos en un gran escritor como Cervantes, por ejemplo; él no escribió sus obras sin dedicarles tiempo. Fue en realidad un genio de la pluma. Y cuando uno escucha a los actores presentar una obra, se da cuenta que ellos se saben esa obra de memoria. Dicen todo lo que el escritor ha escrito para esa obra. Ellos han trabajado mucho tiempo, han practicado y se han aprendido todo de memoria y dicen las cosas sin dificultades. ¿Por qué? Porque han trabajado mucho y han practicado mucho, y entonces pueden dar una buena presentación. Si el actor en el mundo hoy puede dedicar todo ese tiempo a su tarea, ¿por qué no podemos nosotros dedicar todo el tiempo a la palabra de Dios? Cualquier predicador que sube al púlpito sin haber preparado un mensaje está despreciando el nombre del Señor. Y está provocando que los oyentes se cansen de Dios y de su mensaje. Debemos decir que este es un gran pecado".[7] (hasta aquí el comentario del Dr. McGee).

La negligencia es peligrosa, puede ser mortal y debe ser castigada. Eso lo sabemos y lo afirmamos, por supuesto que sí. Por ejemplo, los ingenieros construyen edif1icios, puentes y carreteras para que las personas los habiten o transiten sobre ellos y

---

7 A través de la Biblia\J. Vernon McGee\39-MALAQUIAS (ATB_1256_MAL 1.14-2.2).

puedan llegar seguros a su destino. Los doctores luchan contra las enfermedades que amenazan la vida de sus pacientes y se esfuerzan por mantenerlos en buena salud. Ese es su trabajo y responsabilidad, y si son negligentes, serán castigados y llevados ante la justicia. Eso es justo y correcto. Pero ¿por qué debería ser castigado un ingeniero o un doctor por negligencia y un predicador no? ¿Acaso es más importante el trabajo de un ingeniero o un doctor que el de un predicador?, por supuesto que no. La labor de un pastor o predicador es muy similar a la de un ingeniero o doctor, sólo que en el área espiritual. Los pastores construyen puentes y carreteras para que los santos transiten seguros hasta llegar a la patria celestial. O, así como los doctores, los pastores deben esforzarse para combatir toda bacteria o parásito que atenta contra la salud espiritual de los creyentes. Así también un pastor, si es negligente e irresponsable en sus quehaceres, deberá responder ante la justicia de Dios.

Esta es sólo una lista breve de los pecados más comunes que se cometen en la iglesia hoy. Lamentablemente no es todo, aún hay más, muchos más. Lo dicho es suficiente para comprender que en la iglesia hay mucho pecado no confesado ni abandonado. Si queremos ver el poder de Dios moverse una vez más salvando, sanando y liberando a los oprimidos por el diablo, necesitamos confesar nuestros pecados y arrepentirnos. Se habrá dado cuenta que sólo he mencionado las acciones pecaminosas que cometemos, lo externo que hacemos, pero ¿de dónde sale todo ese mal? y ¿por qué lo hacemos? ¿Cuál es su origen y raíz? ¿De dónde procede? Pues bien, en la misma palabra de Dios encontramos la respuesta. Veamos…

Problemas de corazón

La Biblia es la palabra de Dios inspirada, infalible e inerrante. Eso deberíamos saberlo y no dudarlo ni por un instante. Dios dice en su palabra que tenemos problemas del corazón. No se refiere a que tengamos taquicardia, presión arterial alta o colesterol malo, por supuesto que no. Nuestro problema es que tenemos un corazón perverso. Nuestro mayor problema es nuestro corazón. Jesús lo declaró en Mateo 15:1-20. Este es un capítulo muy interesante. En los versículos mencionados Jesús enseña sobre lo que contamina al hombre. La conversación y la enseñanza surgieron después de que los líderes religiosos judíos cuestionaran a Jesús sobre ¿por qué sus discípulos quebrantaban la tradición de los ancianos? Escuche semejante pregunta hecha por quienes se suponen eran los líderes religiosos. Los discípulos no estaban quebrantando un mandamiento de Dios, sino una tradición de ellos, y eso les molestó. Es por eso que la religiosidad se convierte en un grave peligro para la espiritualidad. El religioso piensa que haciendo esto y aquello agradará a Dios, aunque en realidad delante de él es sin importancia. Y lo que a Dios le agrada y para él es importante, a ellos les desagrada y lo consideran sin importancia. Por eso Jesús les dijo: "*Así habéis invalidado el mandamiento de Dios por vuestra tradición*" (Mateo 15:16b). Los líderes espirituales judíos estaban más interesados y eran más estrictos en cumplir las tradiciones que los mandamientos de Dios. Con su boca decían honrar a Dios, pero sus corazones y sus hechos decían lo contrario. A Dios lo honramos cuando respetamos y obedecemos sus mandamientos, no los nuestros.

En el verso 11, Jesús dijo: "*No lo que entra en la boca contamina al hombre; más lo que sale de la boca, esto contamina al hombre*". Ahora preste atención a lo siguiente: debido a que Jesús dijo esto, los religiosos se ofendieron más. ¿Qué cree que Jesús hizo? ¿Cree que les pidió disculpas? No, por supuesto que no. Jesús no vino a agradar a los hombres sino a Dios. Y que bueno por eso; de lo contrario, estaríamos esclavizados a los religiosos. Es más, después de haberse ellos ofendido, Jesús les dio una palabra más fuerte. En el verso 14, Jesús dijo de ellos: "*Dejadlos; son ciegos guías de ciegos; y si el ciego guiare al ciego, ambos caerán en el hoyo*". Qué tragedia es que quienes deben servir de guías no sepan guiar bien; por lo tanto, guían, pero al fracaso y a la destrucción.

Después de toda esta enseñanza llegamos al punto, el problema del corazón. Los versos 16 al 20, dicen así: "[16] *Jesús dijo: ¿También vosotros sois aún sin entendimiento?* [17] *¿No entendéis que todo lo que entra en la boca va al vientre, y es echado en la letrina?* [18] *Pero lo que sale de la boca, del corazón sale; y esto* *contamina al hombre.* [19] ***Porque del corazón salen los malos pensamientos, los homicidios, los adulterios, las fornicaciones, los hurtos, los falsos testimonios, las blasfemias.*** [20] ***Estas cosas son las que contaminan al hombre; pero el comer con las manos sin lavar no contamina al hombre***".

Es claro, todos los pecados y las malas acciones que hacemos o pensamos vienen de adentro, salen del corazón. Entonces, si queremos cambiar las acciones externas, lo lógico y correcto sería cambiar primero lo de adentro (el corazón). Es ahí donde radica nuestro mayor problema, esa es la raíz. Pero, ¿cómo lo hacemos? ¿Podemos nosotros cambiar nuestro corazón? ¿Tenemos esa capacidad? Por supuesto que no, sólo Dios puede hacer eso. Sólo él puede cambiar nuestro corazón y darnos uno nuevo. ¿Quiere decir qué si no cambiamos es problema de Dios y no nuestro? Claro que no, Dios ya proveyó el remedio. La cura para nuestra enfermedad y la solución a nuestro problema es Jesús, el Cristo, el Hijo de Dios, quien nos redimió y nos salvó de nuestros pecados. La medicina, si quiere verlo así, ya está disponible (Dios mismo la preparó). Ahora sólo nos queda tomarla y aplicarla para que surta su efecto. Esto es, debemos responder al llamado de Dios con fe y obediencia. Nuestro problema del corazón sólo Dios lo puede resolver. Sí queremos ser sanados, hemos de acudir a él en humildad. Así como acudimos al cardiólogo cuando nuestro corazón físico tiene problemas y seguimos sus instrucciones, debemos seguir las instrucciones de Dios si queremos ser sanados. Esto es lo que la Biblia dice del corazón de los hombres:

- Es engañoso (Jeremías 17:9a).
- Es perverso (Jeremías 17:9b).
- Es la fuente de todo pecado cometido (Mateo 15:19).
- Es duro (Romanos 2:5).
- Es incircunciso (no apartado de la carne) (Hechos 7:51; Deuteronomio 10:16).

Aún hay más, escuche: "*Pero yo os digo que cualquiera que mira una mujer para codiciarla,* ya ***adulteró con ella en su corazón***" (Mateo 5:28). *¡Generación de víboras! ¿Cómo podéis hablar* *lo bueno, siendo malos? Porque **de la abundancia del corazón** habla la boca*" (Mateo 12:34).

¿Acaso alguien puede decir que no hay maldad ni pecado en su corazón? Por supuesto que no. *Todos somos pecadores* y estamos destituidos de la gloria de Dios (Romanos 3:23). Somos pecadores porque nuestro corazón es malo y perverso, esa es su naturaleza. Sin Dios estamos perdidos y sin esperanza. No lo reconocemos porque nuestro corazón es engañoso, nos engaña y nos hace creer que no somos pecadores. Y no nos arrepentimos porque nuestro corazón es duro como una piedra. Cuando la verdad de Dios nos habla, su palabra no penetra, rebota. Entiéndalo, no importa cuán bueno usted se crea o piense que es, su corazón es malo (aunque tenga una cara bonita). Y no sólo el suyo, sino también el de todos los hombres, de cualquier raza o nación, sean ricos o pobres, sean educados o sin educación, eso no importa, no hay diferencia. Lo único que puede hacer la diferencia es un corazón nuevo, pero eso ni aun volviendo a nacer del vientre de nuestra madre se puede lograr. El nuevo nacimiento que necesitamos es del Espíritu, de Dios (Juan 3:1-15; 1:11-13). Sólo Dios puede darnos un nuevo corazón al nacer de nuevo, por la fe en la gracia de nuestro Señor Jesucristo.

No lo tolerará más

Aunque la Biblia dice que su misericordia es para siempre, eso no quiere decir que tolerará para siempre nuestro pecado. Simplemente quiere decir que sus misericordias nunca terminan, nuevas son cada mañana (Lamentaciones 3:22-23). Al igual que hace mil años, Dios sigue teniendo misericordia hoy, por eso aún estamos aquí. Entonces no es que Dios tolere el pecado o se haga de la vista gorda ante la soberbia de los hombres, simplemente no ejecuta juicio inmediato sobre el pecado (Eclesiastés 8:11). Pero Dios sabe y ve todo, y juzgará nuestro pecado en algún momento. En cada generación Dios lo ha hecho, y sus juicios son justos. Amós 7:7-9 declara:

> "[7] *Me enseñó así: He aquí el Señor estaba sobre un muro hecho a plomo, y en su mano una plomada de albañil.* [8] *Jehová entonces me dijo: ¿Qué ves, Amós? Y dije: Una plomada de*

albañil. ***Y el Señor dijo: He aquí, yo pongo plomada de albañil en medio de mi pueblo Israel; no lo toleraré más.*** *[9] Los lugares altos de Isaac serán destruidos, y los santuarios de Israel serán asolados,* ***y me levantaré con espada*** *sobre la casa de Jeroboam".*

Esta es la palabra del Señor: pondré plomada de albañil a mi pueblo, y no lo tolerare más. Escuchó bien, dijo: pondré plomada de albañil *a mi pueblo*, no a los impíos, sino a su pueblo. Dios sabe que los impíos no andan bien, pero espera que su pueblo sí. ¿Qué es lo que Dios *no va a tolerar más*?, el pecado. En otras palabras, Dios pasará revista, hará examen, para ver si andan de acuerdo a su voluntad o no, y él lo sabrá. Si usted sabe algo de albañilería o construcción, entiende que la plomada se usa para poner a nivel, tanto vertical como horizontalmente. Dios va a pasar la plomada a su pueblo para ver si andamos rectos en nuestra relación con él (verticalmente) y con el prójimo (horizontalmente), y créalo no saldremos bien librados en esto. Cuando usted tiene algo de experiencia en construcción, rápidamente puede identificar y darse cuenta cuando una pared, muro o edificio no está a nivel. Un buen constructor no deja una pared a desnivel. Cuando algo está fuera de nivel, no está bien y hay que corregirlo o enderezarlo. Eso es lo que Dios hará con nosotros; pondrá el nivel, el estándar por el cual nosotros como su pueblo deberíamos andar. ¿Qué pasará si Dios nos pone el nivel a mí y a usted? ¿Cómo nos encontrará si nos pesa en la balanza hoy? ¿Dirá, "están faltos" como dijo al rey Belsasar? Medite en su caminar delante de Dios y tiemble; él trae espada en su mano y la usará. No lo tolerará más, ha esperado mucho tiempo y su pueblo no entiende.

El apóstol Pedro escribió: "*Porque es tiempo de que el juicio comience por la casa de Dios; y si primero comienza por nosotros, ¿cuál será el fin de aquellos que no obedecen al evangelio de Dios?*" (1 Pedro 4:17).

El juicio empezará por la casa de Dios, por los suyos. ¿Cómo seremos encontrados cuando el Señor venga y nos juzgue? ¿Vendrá con un látigo en la mano como cuando entró en el templo y volcó las mesas de los cambistas y echó fuera a todos los que ahí vendían y hacían mercadería de las cosas sagradas? ¿Se lamentará como cuando se lamentó por Israel cuando dijo en Mateo 23:37-39 lo siguiente?:

> "[37] *!Jerusalén, Jerusalén, que matas a los profetas, y apedreas a los que te son enviados! !Cuántas veces quise juntar a tus hijos, como la gallina junta sus polluelos debajo de las alas, y no quisiste!* [38] *He aquí vuestra casa os es dejada desierta.* [39] *Porque os digo que desde ahora no me veréis, hasta que digáis: Bendito el que viene en el nombre del Señor*".

¡Qué el Señor en su misericordia nos ayude!

VI. LAS CONSECUENCIAS

Deuteronomio 28

¿Cuál es la consecuencia de todo lo anterior? Ya hemos identificado y considerado algunos pecados que son el problema de la iglesia. Ahora consideremos las consecuencias que esto produce. Una de las consecuencias más severas y devastadoras que el pecado produce es que nos separa de Dios y trae derrota a su pueblo. Su pueblo no puede prevalecer sin su presencia. Uno de los pasajes más significativos respecto a las consecuencias de la desobediencia (pecado) es Deuteronomio 28. Es necesario leer directamente el texto porque por sí sólo es suficiente para comprenderlo. No hace falta explicación. Leamos las consecuencias de la obediencia en Deuteronomio 28:1-14:

> "[1]*Acontecerá que si oyeres atentamente la voz de Jehová tu Dios, para guardar y poner por obra todos sus mandamientos que yo te prescribo hoy, también Jehová tu Dios te exaltará sobre todas las naciones de la tierra.* [2]*Y vendrán sobre ti todas estas bendiciones, y te alcanzarán, si oyeres la voz de Jehová tu Dios.* [3]*Bendito serás tú en la ciudad, y bendito tú en el campo.* [4]*Bendito el fruto de tu vientre, el fruto de tu tierra, el fruto de tus bestias, la cría de tus vacas y los rebaños de tus ovejas.* [5]*Benditas serán tu canasta y tu artesa de amasar.* [6]*Bendito serás en tu entrar, y bendito en tu salir.* [7]*Jehová derrotará a tus enemigos que se levantaren contra ti; por un camino saldrán contra ti, y por siete caminos huirán de delante de ti.* [8]*Jehová te enviará su bendición sobre tus*

graneros, y sobre todo aquello en que pusieres tu mano; y te bendecirá en la tierra que Jehová tu Dios te da. [9] *Te confirmará Jehová por pueblo santo suyo, como te lo ha jurado, cuando guardares los mandamientos de Jehová tu Dios, y anduvieres en sus caminos.* [10] *Y verán todos los pueblos de la tierra que el nombre de Jehová es invocado sobre ti, y te temerán.* [11] *Y te hará Jehová sobreabundar en bienes, en el fruto de tu vientre, en el fruto de tu bestia, y en el fruto de tu tierra, en el país que Jehová juró a tus padres que te había de dar.* [12] *Te abrirá Jehová su buen tesoro, el cielo, para enviar la lluvia a tu tierra en su tiempo, y para bendecir toda obra de tus manos. Y prestarás a muchas naciones, y tú no pedirás prestado.* [13] *Te pondrá Jehová por cabeza, y no por cola; y estarás encima solamente, y no estarás debajo, si obedecieres los mandamientos de Jehová tu Dios, que yo te ordeno hoy, para que los guardes y cumplas,* [14] *y si no te apartares de todas las palabras que yo te mando hoy, ni a diestra ni a siniestra, para ir tras dioses ajenos y servirles".*

¿Quién no se queda encantado al escuchar esto y no quisiera recibir todas estas bendiciones en su vida? Pero no podemos quedarnos sólo ahí, también tenemos que leer lo siguiente: las consecuencias de la desobediencia (Deuteronomio 28:15-68):

"[15] *Pero acontecerá, si no oyeres la voz de Jehová tu Dios, para procurar cumplir todos sus mandamientos y sus estatutos que yo te intimo hoy, que vendrán sobre ti todas estas maldiciones, y te alcanzarán.* [16] *Maldito serás tú en la ciudad, y maldito en el campo.* [17] *Maldita tu canasta, y tu artesa de amasar.* [18] *Maldito el fruto de tu vientre, el fruto de tu tierra, la cría de tus vacas, y los rebaños de tus ovejas.* [19] *Maldito serás en tu entrar, y maldito en tu salir.* [20] *Y Jehová enviará contra ti la maldición, quebranto y asombro en todo cuanto pusieres mano e hicieres, hasta que seas destruido, y perezcas pronto a causa de la maldad de tus obras por las cuales me habrás dejado.* [21] *Jehová traerá sobre ti mortandad, hasta que te consuma de la tierra a la cual entras*

para tomar posesión de ella. [22] *Jehová te herirá de tisis, de fiebre, de inflamación y de ardor, con sequía, con calamidad repentina y con añublo; y te perseguirán hasta que perezcas.* [23] *Y los cielos que están sobre tu cabeza serán de bronce, y la tierra que está debajo de ti, de hierro.* [24] *Dará Jehová por lluvia a tu tierra polvo y ceniza; de los cielos descenderán sobre ti hasta que perezcas.* [25] *Jehová te entregará derrotado delante de tus enemigos; por un camino saldrás contra ellos, y por siete caminos huirás delante de ellos; y serás vejado por todos los reinos de la tierra.* [26] *Y tus cadáveres servirán de comida a toda ave del cielo y fiera de la tierra, y no habrá quien las espante.* [27] *Jehová te herirá con la úlcera de Egipto, con tumores, con sarna, y con comezón de que no puedas ser curado.* [28] *Jehová te herirá con locura, ceguera y turbación de espíritu;* [29] *y palparás a mediodía como palpa el ciego en la oscuridad, y no serás prosperado en tus caminos; y no serás sino oprimido y robado todos los días, y no habrá quien te salve.* [30] *Te desposarás con mujer, y otro varón dormirá con ella; edificarás casa, y no habitarás en ella; plantarás viña, y no la disfrutarás.* [31] *Tu buey será matado delante de tus ojos, y tú no comerás de él; tu asno será arrebatado de delante de ti, y no te será devuelto; tus ovejas serán dadas a tus enemigos, y no tendrás quien te las rescate.* [32] *Tus hijos y tus hijas serán entregados a otro pueblo, y tus ojos lo verán, y desfallecerán por ellos todo el día; y no habrá fuerza en tu mano.* [33] *El fruto de tu tierra y de todo tu trabajo comerá pueblo que no conociste; y no serás sino oprimido y quebrantado todos los días.* [34] *Y enloquecerás a causa de lo que verás con tus ojos.* [35] *Te herirá Jehová con maligna pústula en las rodillas y en las piernas, desde la planta de tu pie hasta tu coronilla, sin que puedas ser curado.* [36] *Jehová te llevará a ti, y al rey que hubieres puesto sobre ti, a nación que no conociste ni tú ni tus padres; y allá servirás a dioses ajenos, al palo y a la piedra.* [37] *Y serás motivo de horror, y servirás de refrán y de burla a todos los pueblos a los cuales te llevará Jehová.* [38] *Sacarás mucha semilla al campo, y recogerás poco, porque la langosta lo consumirá.* [39] *Plantarás viñas y labrarás, pero no beberás vino, ni recogerás uvas, porque el gusano se las comerá. [40] Tendrás olivos en todo tu territorio, mas no te ungirás con el aceite, porque tu aceituna se caerá. [41] Hijos e hijas engendrarás, y no serán para ti, porque irán en cautiverio. [42] Toda tu arboleda y el fruto de tu tierra serán consumidos por la langosta. [43] El extranjero que estará en medio de ti se elevará sobre ti muy alto, y tú descenderás muy abajo. [44] El te prestará a ti, y tú no le prestarás a él; él será por cabeza, y tú serás por cola. [45] Y vendrán sobre ti todas estas maldiciones, y te perseguirán, y te alcanzarán hasta que perezcas; por cuanto no habrás atendido a la voz de Jehová tu Dios, para guardar sus mandamientos y sus estatutos, que él te mandó; [46] y serán en ti por señal y por maravilla, y en tu descendencia para siempre. [47] Por cuanto no serviste a Jehová tu Dios con alegría y con gozo de corazón, por la abundancia de todas las cosas, [48] servirás, por tanto, a tus enemigos que enviare Jehová contra ti, con hambre y con sed y con desnudez, y con falta de todas las cosas; y él pondrá yugo de hierro sobre tu cuello, hasta destruirte. [49] Jehová traerá contra ti una nación de lejos, del extremo de la tierra, que vuele como águila, nación cuya lengua no entiendas; [50] gente fiera de rostro, que no tendrá respeto al anciano, ni perdonará al niño; [51] y comerá el fruto de tu bestia y el fruto de tu tierra, hasta que perezcas; y no te dejará grano, ni mosto, ni aceite, ni la cría de tus vacas, ni los rebaños de tus ovejas, hasta destruirte. [52] Pondrá sitio a todas tus ciudades, hasta que caigan tus muros altos y fortificados en que tú confías, en toda tu tierra; sitiará, pues, todas tus ciudades y toda la tierra que Jehová tu Dios te hubiere dado. [53] Y comerás el fruto de tu vientre, la carne de tus hijos y de tus hijas que Jehová tu Dios te dio, en el sitio y en el apuro con que te angustiará tu enemigo. [54] El hombre tierno en medio de ti, y el muy delicado, mirará con malos ojos a su hermano, y a la mujer de su seno, y al resto de sus hijos que le quedaren; [55] para no dar a alguno de ellos de la carne de sus hijos, que él comiere, por no haberle quedado nada, en el asedio y en el apuro con que tu enemigo te oprimirá en todas tus ciudades.* [56] *La tierna y la delicada entre vosotros, que nunca la planta de su pie intentaría sentar sobre la tierra, de pura delicadeza y ternura, mirará con malos ojos al marido de su seno, a su hijo, a su hija,* [57] *al recién nacido que sale de entre sus pies, y a sus hijos que diere a luz; pues los comerá ocultamente, por la carencia de todo, en el asedio y en el apuro con que tu enemigo te oprimirá en tus ciudades.* [58] *Si no cuidares de poner por obra todas las palabras de esta ley que están escritas en este libro, temiendo este nombre glorioso y temible:* JEHOVÁ TU DIOS, [59] *entonces Jehová aumentará maravillosamente tus plagas y las plagas de tu descendencia, plagas grandes y permanentes, y enfermedades malignas y duraderas;* [60] *y traerá sobre ti todos los males de Egipto, delante de los cuales temiste, y no te dejarán.* [61] *Asimismo toda enfermedad y toda plaga que no está escrita en el libro de esta ley, Jehová la enviará sobre ti, hasta que seas destruido.* [62] *Y quedaréis pocos en número, en lugar de haber sido como las estrellas del cielo en multitud, por cuanto no obedecisteis a la voz de Jehová tu Dios.* [63] *Así como Jehová se gozaba en haceros bien y en multiplicaros, así se gozará Jehová en arruinaros y en destruiros; y seréis arrancados de sobre la tierra a la cual entráis para tomar posesión de ella.* [64] *Y Jehová te esparcirá por todos los pueblos, desde un extremo de la tierra hasta el otro extremo; y allí servirás a dioses ajenos que no conociste tú ni tus padres, al leño y a la piedra.* [65] *Y ni aun entre estas naciones descansarás, ni la planta de tu pie tendrá reposo; pues allí te dará Jehová corazón temeroso, y desfallecimiento de ojos, y tristeza de alma;* [66] *y tendrás tu vida como algo que pende delante de ti, y estarás temeroso de noche y de día, y no tendrás seguridad de tu vida.* [67] *Por la mañana dirás: !Quién diera que fuese la tarde! y a la tarde dirás: !Quién diera que fuese la mañana! por el miedo de tu corazón con que estarás amedrentado, y por lo que verán tus ojos.* [68] *Y Jehová te hará volver a Egipto en naves, por el camino del cual te ha dicho: Nunca más volverás; y allí seréis vendidos a vuestros enemigos por esclavos y por esclavas, y no habrá quien os compre".*

Ahora sí tenemos el cuadro completo, las bendiciones y las maldiciones. Esta Escritura es sumamente clave en el desenvolvimiento de la historia, tanto de Israel como de la iglesia, por favor nunca lo olvide. Quizás algunos, o muchos de ustedes jamás habían leído semejantes palabras hasta ahora. Puesto que no habían leído por sí mismos la Biblia, ignoran completamente su mensaje y se han conformado con lo que los demás les han dicho de Dios. Hasta ahora se da cuenta de que Dios plasmó claramente las consecuencias, tanto de la obediencia como de la desobediencia. El Señor no nos oculta nada. Lo que cosechemos es una decisión nuestra. El Señor es compasivo, tierno y amoroso, nunca hace nada sin antes advertirnos primero de las consecuencias. Él conoce el futuro y el resultado de lo que nuestras acciones producirán. Dios nos hace directamente responsables de las decisiones que tomamos. Empecemos a ser responsables de nosotros mismos, crezcamos y maduremos, dejemos de culpar a los demás por lo que nos sucede.

Icabod

Cuando la presencia de Dios abandona la vida de una persona, de un pueblo o de una nación, ese es el día más triste, lamentable y desolador de su existencia. *Y ¿por qué Dios dejaría su casa y su pueblo si él quiere habitar ahí y estar con ellos?* Hay una sola respuesta y una sola razón del porqué Dios haría algo así. La respuesta es, el pecado. Acabamos de leer esto en el texto anterior. Cada vez que el pueblo le da la espalda a Dios, él se aleja y abandona su casa. Esto ha sucedido una y otra vez en la historia, se ha vuelto a repetir en nosotros y nadie lo puede negar. El capítulo 4 de 1 de Samuel presenta una historia muy triste. La presencia de Dios dejó su casa. Dios abandonó a Israel y fue trágico aquel día, produjo muerte, dolor y sufrimiento. La historia comienza así: Israel fue a la guerra contra los filisteos. Al presentarse la batalla en el campo de combate, Israel fue vencido y no prevaleció. Los filisteos hirieron y mataron a cuatro mil hombres de Israel. Sorprendidos por la derrota, los israelitas se preguntaron ¿por qué nos ha herido hoy

Jehová delante de los filisteos? Escuche bien la pregunta. Ellos no dijeron: "¿por qué nos han derrotado los filisteos?", sino "¿por qué Dios nos ha abandonado y dejado a nuestra suerte?". El problema fue que no respondieron correctamente. Si ellos conocían lo que Dios había dicho en Deuteronomio 28, entonces debieron formular la siguiente pregunta que es de igual importancia: ¿cuál es el pecado por el cual Dios nos ha entregado? Debieron escudriñar su mente, su corazón y sus acciones, después de lo cual debieron humillarse y arrepentirse ante Dios, pero fallaron y cometieron un error que fue peor que el primero. ¿Qué hicieron? Dijeron: "Traigamos el Arca del Pacto que está en Silo para que viniendo nos salve de nuestros enemigos". El Arca del Pacto representaba la presencia de Dios. Ellos pensaron, "si traemos el Arca del Pacto al campo de batalla, Dios derrotará a nuestros enemigos". Así que cuando el Arca llegó al campamento, todo el pueblo se emocionó y gritó con gran júbilo que hasta la tierra tembló. Eso fue espantoso para los filisteos quienes se pensaron muertos y derrotados ante Israel, ahora que tenían la presencia del Dios de Israel en el campamento. El error de los Israelitas fue que creyeron que Dios era un amuleto, pero no era así. El Arca del Pacto, ni ningún otro utensilio, ni aun el Templo mismo es algo, si Dios no está ahí. ¿Cuál es el final de esta historia? Aquel día cayeron en batalla más de treinta mil hombres de Israel y el Arca misma fue quitada de Israel. Fue una afrenta sin precedente. El sacerdote Elí, sus dos hijos Ofni y Fines, y hasta su nuera, quien estaba embarazada y a punto de dar a luz, fallecieron el mismo día. Al morir la mujer le puso por nombre al niño Icabod, diciendo: "¡*Traspasada es la gloria de Israel*!" ¿Por qué vino todo esto?, por el pecado de Israel y su falta de arrepentimiento. Temamos.

El pecado trae derrota al pueblo de Dios

Esta realidad se registra en el capítulo 7 del libro de Josué. El pueblo de Israel acababa de pasar el Jordán y Dios le había prometido a Josué que, así como había estado con Moisés estaría con él y que nadie le podría hacer frente en todos los días de su vida.

Confiados en esa promesa, Josué e Israel marcharon a la batalla. La primera ciudad y reino que conquistaron después de cruzar el Jordán, fue Jericó, una ciudad cuyas murallas eran impenetrables humanamente hablando, pero Dios estaba con ellos y les entregó la ciudad sin ninguna dificultad. La Escritura dice que antes de que Israel entrara a la ciudad, todos en Jericó ya habían desmayado (Josué 2:9). Se habían rendido antes de siquiera comenzar la guerra. Confiados en esa gloriosa victoria, los israelitas marcharon a la siguiente ciudad. Cuando los espías entraron a la ciudad de Hai, regresaron con el siguiente reporte: "La ciudad es pequeña y será fácil conquistarla. No es necesario que fatigues a todo el pueblo llevándolo a la guerra", dijeron a Josué su líder. "Sólo envía dos o tres mil hombres y la ciudad será conquistada fácilmente" (Josué 7:3). ¿Qué sucedió? Israel fue derrotado, salieron huyendo ante sus enemigos y no pudieron conquistarla. Fueron avergonzados. ¿Qué fue lo que falló? ¿Por qué conocieron la derrota tan rápidamente? Ante tal afrenta, Josué se humilló ante Dios y de alguna manera le reclamó ¿por qué les había mentido? y ¿por qué les había hecho cruzar el Jordán sólo para ser destruidos por sus enemigos? Como siempre, Dios respondió clara y directamente a esas interrogantes. Josué 7:10-13 lo registra: "[10]*Y Jehová dijo a Josué: Levántate;* ***¿por qué te postras así sobre tu rostro?*** [11] ***Israel ha pecado, y aún han quebrantado mi pacto que yo les mandé; y también han tomado del anatema, y hasta han hurtado, han mentido, y aún lo han guardado entre sus enseres.*** [12] ***Por esto los hijos de Israel no podrán hacer frente a sus enemigos, sino que delante de sus enemigos volverán la espalda, por cuanto han venido a ser anatema; ni estaré más con vosotros, si no destruyereis el anatema de en medio de vosotros.*** [13] *Levántate, santifica al pueblo, y di: Santificaos para mañana; porque Jehová el Dios de Israel dice así: Anatema hay en medio de ti, Israel; no podrás hacer frente a tus enemigos, hasta que hayáis quitado el anatema de en medio de vosotros"*.

Mas claro no puede ser. Este es un principio espiritual: no podremos tener victoria en nuestras vidas si andamos en pecado. Esto sienta las bases para nosotros. Dios no estará con nosotros como lo prometió si hay anatema en nosotros, si hemos prevaricado contra él. No debemos esperar que nos libre de nuestros enemigos. Seremos presa fácil. En vez de conquistar seremos conquistados. ¿Qué es lo que no hemos entendido de esto? ¿Por qué Dios nos escucharía si nosotros no le escuchamos a él? Se imagina si Dios hiciera en cada iglesia hoy lo mismo que hizo en el campamento de Israel aquel día. ¿Cuántos como Acán serían expuestos por Dios por falta de arrepentimiento? ¿Cuántas familias no serían destruidas? Porque no sólo Acán murió, también pereció su familia y todo lo que tenía. Todo Israel había sufrido la derrota por el pecado de un hombre. No debemos olvidar que la iglesia es el cuerpo de Cristo, y que si un miembro sufre, todo el cuerpo se duele. De igual manera si un miembro peca, su familia y la iglesia también sufrirán. Temamos pues delante de Dios y no le provoquemos a ira, pues el Señor puede venir pronto y consumirnos

Iglesias ricas, almas pobres

El pastor John Courson comparte la siguiente historia en su comentario enseñando sobre el pasaje de Hechos 3:6a, la cual ilustra muy bien este punto:

> "Cuenta la historia que un día mientras el Papa contaba las monedas de oro y plata que se habían recogido en el cofre de las ofrendas, en ese momento Tomás de Aquino entró. El Papa le saludó mientras lleno de gozo le extendía algunas de las monedas para que Tomás las viera. 'Ahora ya no podemos decir, no tengo plata ni oro, ¿no es así?'. Tomás, mirando al Papa, le respondió: 'Y tampoco podemos decir ahora, 'En el nombre de Jesucristo de Nazaret, levántate y anda'. A través de la historia, cada vez que la iglesia ha cambiado la pureza por la prosperidad, la iglesia ha perdido el poder."[1]

---

1 John Courson Application Commentary, New Testament, p. 632

¡Oh, qué día tan triste es el día cuando cambiamos la unción del Espíritu Santo por el dinero! Cuándo los bienes de este mundo material (el oro y la plata), son más importantes para nosotros que la pureza y la santidad; cuándo la iglesia es rica materialmente, pero las almas son pobres espiritualmente; cuándo vemos a los pobres y menesterosos de este mundo, y no tenemos ni el deseo ni el poder de ayudarles a aliviar sus cargas, ¿de qué le sirven las riquezas materiales a la iglesia cuando no tiene el amor ni el poder de Dios? Ojalá fuéramos pobres materialmente, pero ricos en el Espíritu y llenos del poder de Dios. Pero nos ha acontecido tal y como le pasó a la iglesia de Laodicea del Apocalipsis: nos hemos enriquecido, y de ninguna cosa tenemos necesidad (materialmente hablando), pero ante los ojos de Dios somos desventurados, miserables, pobres, ciegos y desnudos (Apocalipsis 3:17). Son palabras fuertes y duras, ¿no cree? Pero igualmente es nuestra arrogancia y dureza delante de Dios, y él lo sabe. El Señor no se quedará callado ante nuestra condición. Él es un Padre amoroso que corrige a sus hijos por amor. Así es, porque él nos ama nos corrige, así como el padre al hijo a quien quiere.

Recientemente leí un artículo escrito por Sarah Pulliam Bailey del Washington Post que llamó mi atención y que confirma este punto. El encabezado era en forma de pregunta: ¿Es correcto hacerse rico predicando acerca de Jesús? La escritora hacía la pregunta porque semana a semana se ve a través de los medios sociales a muchos predicadores que visten ropa carísima, como si fueran artistas de Hollywood. El precio de su vestuario oscila en los miles de dólares. Entonces creo que la pregunta es válida. ¿Será correcto hacerse rico predicando acerca de Jesús? Y yo diría: ¿Será eso lo que Jesús quiere para su iglesia? ¿Qué tan correcto es ante los ojos de Dios que pastores que predican de la gracia y el amor de Dios a los necesitados de este mundo despilfarren el dinero que él les da en lujos y caprichos caros? No digo esto en juicio. Sé que él juzgará a cada uno según sea su obra, y su juicio será justo (Romanos 2:1-11); de eso no tengo duda. El Señor lo ve

¡Oh, qué día tan triste es cuando cambiamos la unción del Espíritu Santo por el dinero!

y lo sabe todo. De hecho, no debemos ignorar que el juicio que Dios hará contra los pastores y líderes será más severo que para el resto de los demás. En Ezequiel 34:1-24 dice así:

> *"[1]Vino a mí palabra de Jehová, diciendo: [2]Hijo de hombre, profetiza contra los pastores de Israel; profetiza, y di a los pastores: Así ha dicho Jehová el Señor: !Ay de los pastores de Israel, que se apacientan a sí mismos! ¿No apacientan los pastores a los rebaños? [3]Coméis la grosura, y os vestís de la lana; la engordada degolláis, mas no apacentáis a las ovejas. [4]No fortalecisteis las débiles, ni curasteis la enferma; no vendasteis la perniquebrada, no volvisteis al redil la descarriada, ni buscasteis la perdida, sino que os habéis enseñoreado de ellas con dureza y con violencia. [5]Y andan errantes por falta de pastor, y son presa de todas las fieras del campo, y se han dispersado. [6]Anduvieron perdidas mis ovejas por todos los montes, y en todo collado alto; y en toda la faz de la tierra fueron esparcidas mis ovejas, y no hubo quien las buscase, ni quien preguntase por ellas. [7]Por tanto, pastores, oíd palabra de Jehová: [8]Vivo yo, ha dicho Jehová el Señor, que por cuanto mi rebaño fue para ser robado, y mis ovejas fueron para ser presa de todas las fieras del campo, sin pastor; ni mis pastores buscaron mis ovejas, sino que los pastores se apacentaron a sí mismos, y no apacentaron mis ovejas; [9]por tanto, oh pastores, oíd palabra de Jehová. [10]Así ha dicho Jehová el Señor: He aquí, yo estoy contra los pastores; y demandaré mis ovejas de su mano, y les haré dejar de apacentar las ovejas; ni los pastores se apacentarán más a sí mismos, pues yo libraré mis ovejas de sus bocas, y no les serán más por comida. [11]Porque así ha dicho Jehová el Señor: He aquí yo, yo mismo iré a buscar mis ovejas, y las reconoceré. [12]Como reconoce su rebaño el pastor el día que está en medio de sus ovejas esparcidas, así reconoceré mis ovejas, y las libraré de todos los lugares en que fueron esparcidas el día del nublado y de la oscuridad. [13]Y yo las sacaré de los pueblos, y las juntaré de las tierras; las traeré a su propia tierra, y las apacentaré en los montes de Israel,*

por las riberas, y en todos los lugares habitados del país. [14] *En buenos pastos las apacentaré, y en los altos montes de Israel estará su aprisco; allí dormirán en buen redil, y en pastos suculentos serán apacentadas sobre los montes de Israel.* [15] *Yo apacentaré mis ovejas, y yo les daré aprisco, dice Jehová el Señor.* [16] *Yo buscaré la perdida, y haré volver al redil la descarriada; vendaré la perniquebrada, y fortaleceré la débil; mas a la engordada y a la fuerte destruiré; las apacentaré con justicia.* [17] *Mas en cuanto a vosotras, ovejas mías, así ha dicho Jehová el Señor: He aquí yo juzgo entre oveja y oveja, entre carneros y machos cabríos.* [18] *¿Os es poco que comáis los buenos pastos, sino que también holláis con vuestros pies lo que de vuestros pastos queda; y que bebiendo las aguas claras, enturbiáis además con vuestros pies las que quedan?* [19] *Y mis ovejas comen lo hollado de vuestros pies, y beben lo que con vuestros pies habéis enturbiado.* [20] *Por tanto, así les dice Jehová el Señor: He aquí yo, yo juzgaré entre la oveja engordada y la oveja flaca,* [21] *por cuanto empujasteis con el costado y con el hombro, y acorneasteis con vuestros cuernos a todas las débiles, hasta que las echasteis y las dispersasteis.* [22] *Yo salvaré a mis ovejas, y nunca más serán para rapiña; y juzgaré entre oveja y oveja.* [23] *Y levantaré sobre ellas a un pastor, y él las apacentará; a mi siervo David, él las apacentará, y él les será por pastor.* [24] *Yo Jehová les seré por Dios, y mi siervo David príncipe en medio de ellos. Yo Jehová he hablado".*

Estas palabras causan espanto, y deberían llevarnos a considerar seriamente nuestra manera de andar delante de él. Dios lo sabe todo. Si él no actúa, no es porque no esté enterado de todo lo que pasa en su pueblo, ¡no! En su gran paciencia y misericordia quiere que nos arrepintamos antes de que él actúe. Cuando lo haga, habrá gran llanto, lamento y dolor en los pastores que no cuidaron el rebaño y que sólo se apacentaron a sí mismos, porque trabajaron como asalariados y no como siervos. Cuidan del rebaño si ellos pueden sacar sus honorarios, y si no, se van a dónde paguen más. Estos líderes son los que serán juzgados más severamente y son los que más sufrirán en el infierno. ¿Por qué? Porque Dios los puso por atalayas, por guardadores de su rebaño. Se les concedió una gracia especial, pero abusaron de ella y no supieron aprovecharla. Esto habló Dios por medio de Isaías 56:10-12:

> "[10] *Sus atalayas son ciegos, todos ellos ignorantes; todos ellos perros mudos, no pueden ladrar; soñolientos, echados, aman el dormir.* [11] *Y esos perros comilones son insaciables; y los pastores mismos no saben entender; todos ellos siguen sus propios caminos, cada uno busca su propio provecho, cada uno por su lado.* [12] *Venid, dicen, tomemos vino, embriaguémonos de sidra; y será el día de mañana como este, o mucho más excelente*".

Dios no se quedará callado ni inmóvil ante tan grande maldad y pecado de aquellos a quienes él les encargó predicar.

¿Dónde está la santidad, iglesia? ¿Dónde está el celo por Dios y su palabra? En la iglesia de hoy existen envidias, celos, contiendas, divisiones, inmoralidad, deshonestidad, pereza, etc., etc. Con todos estos pecados y problemas entre nosotros, ¿cómo esperamos ver la gloria de Dios? ¿Cómo podrá Dios bendecir la obra de nuestras manos y el fruto de nuestro trabajo? No lo hará, aunque el poder de Dios no tiene límites y puede hacerlo a pesar de nosotros. Antes que lo pueda hacer, tendrá que purificar a su pueblo, porque él obra y obrará a través de un pueblo santo, el pueblo que él escogió para hacer su obra en la tierra. Para eso él eligió a la iglesia. Dios quiere obrar a través de hombres santos que le creen, que se rinden ante su voluntad y que le obedecen. Hay grito, sí, hay emoción, y hasta actuación en muchas de las iglesias hoy. Pero no es el grito, ni es la emoción, ni la actuación, es la unción del Espíritu Santo en la vida de hombres santos lo que hace y hará la diferencia.

¿Por qué no tenemos ni la fe, ni el poder, ni la autoridad para decir al paralítico: "en el nombre de Jesús, levántate y anda"?, porque no estamos limpios. Y muy adentro de nosotros sabemos que hemos pecado y que no hemos confesado nuestro pecado, ni nos hemos arrepentido. ¿Por qué no podemos decir al endemoniado "en el nombre de Jesús, sé libre"?, porque no tenemos el valor, ni el poder de Dios para decir semejantes palabras con autoridad. Tenemos temor de que nos suceda lo mismo que a los exorcistas hijos de Esceva, a quienes cuando quisieron usar el nombre de Jesús para liberar un endemoniado, el demonio les respondió: "*A Jesús conozco, y sé quién es Pablo; pero vosotros, ¿quiénes sois?*" (Hechos 19:13-16). Entonces tendríamos que salir huyendo, humillados y avergonzados como ellos, porque no tenían una relación íntima con Jesús.

La religiosidad

La religiosidad es muy peligrosa. Jesús condenó a los escribas y fariseos por su religiosidad (Mateo 23). Especialmente porque lo que la religiosidad hace es poner las costumbres y tradiciones por encima de la ley de Dios (Mateo 15:16). De esa manera hemos sacado a Dios de su casa, pues eso es lo que hace la religiosidad en la iglesia. Cuando sustituimos a Dios y su palabra por las costumbres y tradiciones, caemos inevitablemente en la religiosidad. Es entonces cuando Dios ya no es lo más importante en su iglesia, sino nuestras opiniones o sentimientos. Eso es exactamente lo que los escribas y fariseos hicieron en tiempos de Jesús, y es lo que nosotros hemos hecho ahora. A. W. Tozer dijo: "Nuestros infortunios comenzaron cuando Dios fue forzado a salir de su santuario, y las 'cosas' ocuparon su lugar. Por eso no tenemos paz, porque hemos quitado a Dios del trono de nuestro corazón, y porque usurpadores tenaces y agresivos pelean por el primer lugar".[2]

El Salmo *127:1* dice: "*Si Jehová no edificare la casa, en vano trabajan los que la edifican; Si Jehová no guardare la ciudad, en vano vela la guardia*".

---

2 A. W. Tozer, *La búsqueda de Dios*. The Moody Bible Institute of Chicago. Chicago, Illinois, 1977 (p. 21-22).

Es decir, es en vano trabajar y edificar si Dios no bendice nuestro trabajo. Es por demás que estemos rodeados de guardias de seguridad, si no es Dios el que nos guarda. No es Dios el que ha fallado, sino que los edificadores han sacado a Dios de la construcción de su casa; por lo tanto, la casa se está cayendo. Aunque la iglesia esté llena de actividades y parezca a simple vista como que está viva, en realidad es puro esfuerzo humano, pura carne y no es el Espíritu de Dios. El Señor dio estas palabras a Zorobabel a través del profeta Zacarías: "*Entonces respondió y me habló diciendo: Esta es palabra de Jehová a Zorobabel, que dice: No con ejército, ni con fuerza, sino con mi Espíritu, ha dicho Jehová de los ejércitos*" (Zacarías 4:6).

Somos culpables de querer edificar la iglesia de Dios con nuestras propias fuerzas, lo cual es prácticamente imposible. Es por eso que no hay hambre ni sed de Dios en la iglesia. Y ¿quién quiere ser parte de la iglesia cuando es igual que el mundo? ¿A quién le apetece una iglesia fría y mundana?

"*Bienaventurados los que tienen hambre y sed de justicia, porque ellos serán saciados*", dijo Jesús en el sermón del monte (Mateo 5:6). Sólo de aquello que tenemos sed beberemos, y de aquello que tenemos hambre comeremos. Muchos cristianos han dejado de tener hambre y sed de justicia. Leamos lo que es tener hambre y sed de Dios en estos Salmos:

Salmos 42:1-2

> "[1] *Como el ciervo brama por las corrientes de las aguas, así clama por ti, oh Dios, el alma mía.* [2] *Mi alma tiene sed de Dios, del Dios vivo; ¿Cuándo vendré, y me presentaré delante de Dios?*"

Salmos 63:1-2

> "[1] *Dios, Dios mío eres tú; de madrugada te buscaré; mi alma tiene sed de ti, mi carne te anhela, en tierra seca y árida donde no hay aguas,* [2] *Para ver tu poder y tu gloria, así como te he mirado en el santuario*".

Como cristianos, ¿deseamos a Dios de esa manera? ¿Alguna vez lo hemos deseado así? ¿Cuándo fue la última vez que nos desvelamos y perdimos el sueño por buscar a Dios? ¿Cuándo fue la última vez que ayunamos? ¿Lo recordamos, si es que alguna vez lo hicimos? ¿O sólo hemos oído que otros en el pasado lo han hecho? Ninguno de nosotros está dispuesto a hacerlo. ¿Por qué?, porque no tenemos ni hambre ni sed de Dios. Tenemos sed, pero no de Dios. Tanto el mundo como la iglesia tienen sed de placer y entretenimiento, pero no de santidad y amor por Dios. Es por cierto un grave estado en el que hemos caído.

Dios sigue siendo la fuente y el manantial de Agua Viva que puede saciar la más profunda y apremiante sed del mundo entero, pero si queremos saciar nuestra sed, necesitamos ir a la fuente que es Cristo. Para poder buscarle es necesario reconocer primero nuestra necesidad de Dios. Así como un alcohólico jamás buscará ayuda si antes no reconoce que la necesita, así también nosotros no buscaremos a Dios hasta que reconozcamos que él es lo que más necesitamos. Todos estamos viciados y embriagados por el vino adulterado que el mundo nos ha ofrecido.

En Isaías 55:1-3, Dios hace un llamado y una invitación muy generosa a la nación de Israel, y por supuesto, este llamado es también para su iglesia. Escuchemos:

> "[1]*A todos los sedientos: Venid a las aguas; y los que no tienen dinero, venid, comprad y comed. Venid, comprad sin dinero y sin precio, vino y leche.* [2]*¿Por qué gastáis el dinero en lo que no es pan, y vuestro trabajo en lo que no sacia? Oídme atentamente, y comed del bien, y se deleitará vuestra alma con grosura.* [3]*Inclinad vuestro oído, y venid a mí; oíd, y vivirá vuestra alma; y haré con vosotros pacto eterno, las misericordias firmes a David*".

Hay agua y pan suficiente en la mesa de Dios para calmar toda nuestra sed y hambre. De lo que tenemos hambre y sed comeremos, beberemos y nos llenaremos. Y una vez llenos, no tendremos hambre de nada más. Por lo tanto, sí comiéramos más de Jesús (Pan de Vida, Juan 6:25-59, 63) y bebiéramos más de Jesús

(Agua Viva, Juan 7:37-39; 4:13-14), estaríamos más llenos de él y viviríamos más para su gloria que para la nuestra. Luchemos con todo por nuestra libertad espiritual para no conformarnos al molde de la religión que nos quieran imponer los religiosos. Lo siguiente es una muestra de que la iglesia cristiana ha caído en religiosidad.

VII. LA IGLESIA Y EL COVID-19

"[2] *Y te acordarás de todo el camino por donde te ha traído Jehová tu Dios estos cuarenta años en el desierto, para afligirte, para probarte, para saber lo que había en tu corazón, si habías de guardar o no sus mandamientos.* [3]*Y te afligió, y te hizo tener hambre, y te sustentó con maná, comida que no conocías tú, ni tus padres la habían conocido, para hacerte saber que no sólo de pan vivirá el hombre, mas de todo lo que sale de la boca de Jehová vivirá el hombre*"
(Deuteronomio 8:2-3).

La prueba que sacudió al mundo

Es un hecho y nadie lo puede negar, el Covid-19 es y ha sido una pandemia sin precedentes. A pesar de los avances científicos y tecnológicos de que gozamos en pleno siglo XXI, no ha habido nada ni nadie que haya podido parar la ola de muerte y destrucción que este virus ha traído al mundo entero. No ha respetado raza, credo, nación, estatus social, edad, ni sexo. Todos hemos sido afectados directa o indirectamente, unos más, otros menos, pero hemos sido afectados de todas las cosas que han sucedido y se han dicho, y de las cuáles hemos sido testigos en los últimos dos años. ¿Qué más podemos decir? No hace falta decir más. Lo que nos está haciendo falta es actuar, dejar la pasividad y movernos a la actividad, especialmente a las cosas espirituales. ¿Qué es lo que Dios está hablando al mundo, y especialmente a la iglesia, a través de esta pandemia? ¿Será que hay un mensaje de Dios en todo ello? Por supuesto que sí. No sé cuál sea su postura y su opinión respecto a esto, pero he oído a muchos decir que esta pandemia es obra del diablo, otros dicen que es obra de Dios ¿Quién tiene la razón? ¿Quién está equivocado? Ojalá y esto que voy a compartir le ayude un poco a clarificarlo. Si esta pandemia fue o no una conspiración, no lo sé a ciencia cierta. Si fue Dios o fue el diablo, nadie lo sabe. Lo que sí sé, y de lo que estoy seguro, es que Dios lo permitió. ¿Con qué propósito? Con el mismo propósito por el cual ha permitido y permite las pruebas: para revelar lo que hay en el corazón de los hombres. Esta prueba ha revelado algo que estaba oculto y que no habíamos confrontado como iglesia. Aunque para muchos sea difícil de creer y aceptar, Dios siempre permite y permitirá las pruebas y dificultades en nuestras vidas con el único propósito de revelar lo que hay en nuestro corazón. Entonces, ¿qué es lo que Dios ha revelado con, y a través de, la pandemia? Ha revelado la verdadera condición de nuestros corazones. Sí, así es, la pandemia ha revelado la verdadera condición de la iglesia, y que no estamos preparados para el regreso de Cristo. Nos hemos deslizado y no hemos predicado la verdad como debiéramos. Una tercera parte, o en algunos casos, la mitad de los que asistían semana a semana, se han ido de las iglesias. ¿Por qué?, porque muchos seguían a Dios por las razones equivocadas, porque no conocían verdaderamente a Dios y porque Dios nunca ocupó el primer lugar en sus vidas. No eran firmes ni maduros espiritualmente. Se fueron porque no estaban convencidos ni comprometidos con la verdad. No habían creído la verdad, aunque estuvieron sentados por mucho tiempo entre el pueblo de Dios. Y ¿por qué no estaban comprometidos ni convencidos? Porque no fueron enseñados correctamente, ni confrontados con la verdad. Entiendo que no todo es culpa de los pastores o predicadores, porque cada persona es un individuo con voluntad propia, y no se le puede obligar a creer y obedecer. Pero en cierto modo somos responsables de no haber hecho un mejor trabajo. Ahora, como pastores y líderes debemos despertar a la realidad de que no todos los que asisten domingo a domingo son verdaderos creyentes. Tenemos mucho trabajo que hacer; y si es necesario empezar a enseñar de nuevo los fundamentos de la fe cristiana, hay que hacerlo.

Cómo respondió la iglesia ante la pandemia

¿Cómo está la iglesia después de la pandemia mundial? Generalmente hablando está muy mal, lamentablemente. (Sé que hay iglesias donde ha habido una firme convicción, y la pandemia ha traído un avivamiento, pero no en todos los casos). La iglesia respondió casi igual que el mundo. Se ve y se escucha que muchos creyentes están asustados y temerosos del futuro, cuando la iglesia debería estar tranquila, segura y confiada en su Señor. Muchos creyentes se encerraron en sus casas y no quieren salir (menos para asistir a la iglesia) por miedo a contagiarse. Imagínese que en vez de un virus fuera una persecución a los cristianos la que se hubiera desatado. ¿Estaríamos todos dispuestos a dar la vida por Cristo, o le negaríamos? Creo que no es difícil responder. ¿Dónde está nuestra fe como iglesia? ¿Dónde está nuestra confianza en Dios y en sus promesas? ¿Acaso no hemos creído, o Dios no nos ha guardado? Estas son buenas preguntas que nos hacen reflexionar.

El siguiente artículo fue publicado en inglés en septiembre del año 2020 por el Christian Post; en él se revela como la iglesia ha respondido ante el COVID:

....

6 Razones por las que su pastor está a punto de renunciar

Por Thom S. Rainer, colaborador de Christian Post
martes, 1 de septiembre de 2020

Aproximadamente un tercio de los lectores son laicos. Este artículo es para usted. Por supuesto, sé que los pastores y otros líderes del ministerio vocacional también lo leerán. Quizás más que mi artículo, estarán leyendo sus comentarios. Buscarán ansiosamente para ver si alguien tiene una palabra de aliento. Es posible que estén anticipando que las respuestas serán mayormente de la negatividad que ya se han acostumbrado a recibir.

Por favor, escúcheme claramente. La gran mayoría de pastores con quienes nuestro equipo se comunica dicen que están considerando dejar sus iglesias. Es una tendencia que no había visto en mi vida. Algunos están a sólo unas semanas de hacer el anuncio. Buscan trabajo en el mundo secular. Algunos se trasladarán al ministerio bivocacional. Algunos se trasladarán al ministerio del mundo mercantil. Pero muchos se moverán.

¿Por qué se ha producido este período de gran desánimo? Por supuesto, está conectado con COVID-19, pero la pandemia en realidad solamente exacerbó las tendencias que ya estaban vigentes. Probablemente hubiéramos llegado a este punto en los próximos tres a cinco años independientemente.

También quiero que sepa que estos pastores no creen que dejarán el ministerio. Simplemente creen que el estado actual de negatividad y apatía en muchas iglesias locales no es la forma más efectiva en la que pueden estar haciendo el ministerio.

Entonces, se están yendo o se están preparando para irse. Hay muchas razones del por qué, pero permítame compartir las seis razones principales. Entendiendo que no son mutuamente excluyentes.

1. *Los pastores están cansados de la pandemia, como todos los demás.* Los pastores no son superhumanos. Extrañan sus rutinas. Extrañan ver a la gente como solían hacerlo. Quieren que el mundo vuelva a la normalidad, pero se dan cuenta de que la vieja normalidad no volverá.
2. *Los pastores están muy desanimados por las peleas que ocurren entre los miembros de la congregación acerca de la iglesia después de la cuarentena.* ¿Reunirse en persona o esperar? ¿Con máscaras o sin máscaras? ¿Distanciamiento social o no? Demasiados miembros de la iglesia han adoptado la mentalidad de la cultura y han convertido estos temas en luchas políticas. Los pastores se ocupan diariamente de las quejas sobre las decisiones que toma la iglesia.
3. *Los pastores están desanimados por la pérdida de miembros y la baja asistencia.* Por supuesto, no se trata sólo de números. Pero imagínese que la mitad o más de sus amigos dejaran de interactuar con usted. Los pastores ya han escuchado directa

o indirectamente que alrededor de una cuarta parte de los miembros no planean regresar en absoluto.

4. *Los pastores no saben si sus iglesias podrán sostener financieramente los ministerios en el futuro.* En las primeras etapas de la pandemia, las donaciones eran en gran medida saludables. Los miembros de la iglesia dieron un paso al frente. La infusión gubernamental de fondos para empresas y consumidores también ayudó. Ahora, el futuro financiero está nublado. ¿Puede la iglesia continuar apoyando los ministerios que necesita llevar a cabo? ¿Necesitará la iglesia eliminar puestos? Estos problemas pesan mucho sobre los pastores.
5. *Las críticas contra los pastores se han incrementado significativamente.* Un pastor me compartió recientemente que el número de críticas que recibe es cinco veces mayor que en la era pre pandémica. Los miembros de la iglesia están preocupados. Los miembros de la iglesia están cansados. Y el blanco más conveniente para ventilar su angustia es su pastor.
6. *La carga de trabajo de los pastores ha aumentado enormemente.* Casi todos los pastores con los que nos comunicamos expresan sorpresa por su nivel de trabajo desde que comenzó la pandemia. Realmente tiene sentido. Están tratando de servir a la congregación de la manera en que lo han hecho en el pasado, pero ahora tienen las responsabilidades adicionales que vienen con el mundo digital. Y, como se esperaba, las necesidades de atención pastoral entre los miembros también han aumentado durante la pandemia.

Los pastores están agotados, golpeados y oprimidos. Muchos están a punto de renunciar. Puede que se sorprenda al descubrir que su pastor se encuentra entre ellos.[1]

• •

Esto no lo digo yo, es el resultado de una encuesta hecha a pastores. Qué los pastores hayan sido afectados por la pandemia de

---

1 Thom S. Rainer. *Seis razones por las que su pastor está a punto de renunciar.* Christian Post, martes, 1 de septiembre de 2020.

> "¿Cuándo habrá avivamiento? Habrá avivamiento cuando el pueblo de Dios pague el precio...".
>
> *Dr. Oswald J. Smith*

la misma manera que los miembros de la iglesia, es todavía más trágico. Triste es para mí escuchar que muchos creyentes todavía quieran volver a la *"normalidad"* de antes. ¿Qué es lo que antes tenían que extrañan, la comodidad, la diversión, el entretenimiento? ¿Queremos la normalidad de una iglesia tímida y dormida? Lo que ha acontecido debería habernos despertado a la realidad, ¡despertemos! Esto es sólo un llamado de advertencia y no nos hemos apercibido del peligro que corremos. Lo que está por venir será aún peor si no nos arrepentimos. Es tiempo de dejar la comodidad y el entretenimiento; la salvación de nuestras almas y de las almas de los demás está en peligro. Satanás, sus demonios y todos sus seguidores no están jugando, ellos están comprometidos con el reino de las tinieblas. ¿Por qué nosotros no podemos comprometernos con Dios y su reino de Luz?

¿Por qué fallamos como iglesia ante la prueba del COVID?

El propósito de la prueba es revelar las intenciones y lo que hay en el corazón. Dios no ve ni juzga según las apariencias. Dios ve lo que hay en lo más profundo del corazón del hombre. Con esta prueba, Dios nos ha demostrado que nuestro corazón no era recto para con él. Él no ocupaba el primer lugar en nuestras vidas, y por eso la iglesia falló a la hora de la prueba. Jesús dijo en Mateo 15:7-8:

> "[7] *Hipócritas, bien profetizó de vosotros Isaías, cuando dijo:* [8] *Este pueblo de labios me honra; Mas su corazón está lejos de mí*".

Este fue exactamente el problema y lo que sucedió. El pueblo que decía amar a Dios sólo lo hacía de labios, no de corazón, sinceramente. Nosotros no lo sabíamos porque es fácil engañarnos a nosotros mismos, pero Dios lo sabía. Y nos lo demostró con la pandemia.

Esto debería llevarnos a la reflexión seria y profunda, especialmente a aquellos que se fueron y que no han regresado, y que no piensan regresar. Porque si se alejaron de Dios ahora y no pasaron la prueba, quiere decir que si Cristo hubiera venido, ninguno de ellos se habría ido con él. Por lo tanto, el llamado urgente es al arrepentimiento, a volverse a Dios de todo corazón. Alejarse de Dios empeorará todo. La prueba reveló la verdad de que sólo de labios adorábamos a Dios y decíamos creer en él, pero nuestro corazón estaba muy lejos de él. Además, la prueba demostró que sólo servíamos a Dios por lo que nos daba, pero cuando perdimos nuestra libertad, le dimos la espalda. Tal y como Satanás le dijo a Dios refiriéndose a Job: "*¿Acaso teme Job a Dios de balde?* [11] *Pero extiende ahora tu mano y toca todo lo que tiene, y verás si no blasfema contra ti en tu misma presencia*" (Job 1:9, 11). Esto quedó demostrado. Muchos servían a Dios solamente por lo que les daba y hacía por ellos, y cuando lo perdieron simplemente se fueron. Lo más lamentable es que entre ellos se encuentran muchos que eran pastores.

Lo que sigue es algo que escribí y publiqué en mi página de Facebook el 2 de Julio del 2020 pasado, en plena pandemia: "Sólo los cristianos que son maduros en la fe y están despiertos espiritualmente, son los que pueden discernir los tiempos que estamos viviendo, ver la clase de guerra en la que nos encontramos, e identificar a los falsos maestros, así como las falsas enseñanzas que están propagando, tal y como está escrito (2 Timoteo 3:1-9; 2 Pedro 3:3). Despierte, abra los ojos y no se deje engañar. Recuerde que Satanás se disfraza como ángel de luz (2 Corintios 11:14). Y engañará si fuese posible aun a los escogidos (Mateo 24:24). Conozca a Dios personal e íntimamente."

Una nación bajo el juicio de Dios

Si Estados Unidos era conocido como una nación bajo Dios, ahora bien, puede decirse una nación bajo el juicio de Dios. No es fácil ni es grato decir esto, pero es la triste y dolorosa realidad. Si a mí me duele decirlo, imagínese a Dios quien ha tenido que abandonar a su suerte una nación como esta de dónde en siglos pasados salieron misioneros a casi todo el mundo predicando el Evangelio. Pero ¿por qué Dios ha enviado juicio? Porque no le quisimos escuchar cuando él nos habló y nos advirtió del peligro que corríamos si le abandonábamos. Ahora, el tiempo de advertencia ha terminado, y sólo queda afrontar las consecuencias. Habrá mucho dolor y sufrimiento. Aunque al principio no lo parezca, poco a poco la opresión llegará y alcanzará a todas las esferas de la sociedad. Todo esto ¿por qué?, porque la iglesia no quiso oír y menos obedecer la voz de Dios. Los pastores no supieron advertir bien. Nadie estaba preparado ni apercibido para lo que venía. Nadie estuvo atento a la voz de Dios. A todos nos tomó por sorpresa. Pensábamos que nunca iba a llegar un momento como este, pero llegó. "*Dios al que ama castiga, así como el padre al hijo que quiere*" (Proverbios 3:12). El castigo es justo, y es necesario. El castigo trae corrección y eso es lo que como iglesia necesitamos. Todos los que reconozcan que le han fallado a Dios serán corregidos, y los que no, serán destruidos. Arrepintámonos de nuestra maldad y pecado. Volvámonos a Dios y él se volverá a nosotros. Es tiempo de buscar su rostro y su misericordia. Es tiempo de humillarse ante él, quizás no sea demasiado tarde. El tiempo es hoy.

Lea el comentario que el Dr. Oswald J. Smith hace:

> "*La iglesia está en la actualidad en una condición lastimosa.* Es absolutamente necesario un avivamiento. Nada menos que una gran oleada de fervor evangelístico y de entusiasmo restaurará jamás al pueblo de Dios a su herencia espiritual. Confrontemos, pues, la pregunta: ¿Cuándo habrá avivamiento? *Habrá avivamiento cuando el pueblo de Dios pague el precio,* y cuando digo esto, me doy cuenta de que se van a suscitar algunas objeciones". [2]

El problema es serio y no es nuevo; por lo tanto, no tiene por qué ignorarse. La condición de la iglesia hoy no debe causarle

---

2 Oswald J. Smith, *Pasión por las almas*. Editorial Portavoz. Grand Rapids, Michigan, 1984 (p. 127).

sorpresa a nadie. El problema no es del siglo pasado, va muchos siglos, e incluso milenios atrás, prácticamente hasta el principio mismo. Digo esto no con la intención de echarle la culpa de nuestra condición a los que nos precedieron, no (aunque en parte lo es). Mi única intención es encontrar la solución, no señalar a los culpables. Si tuviera que señalar a los únicos culpables, tendría que señalarnos a nosotros mismos, no a la generación anterior, sino sólo a nosotros quienes estamos vivos hoy. Usted y yo somos los únicos culpables de que las cosas estén como están, y también somos los únicos responsables de hacer algo al respecto. Podemos cambiar la historia hoy si nos arrepentimos y buscamos a Dios de todo corazón. No tenemos que esperar a que la próxima generación cambie las cosas. El cambio puede empezar hoy, aquí y ahora, en usted y en mí.

Si el problema es serio y no es nuevo, ¿por qué no lo hemos resuelto todavía?, por una simple y sencilla razón. Ya deberíamos saber esto: los problemas no se resuelven solos. Tomamos acción nosotros o nunca se resolverán. Este es el problema: no hemos querido confrontar a nadie con su pecado porque es incómodo y desagradable. Nos escudamos diciendo, no quiero juzgar a nadie, para que nadie me juzgue a mí. Eso es cobardía. Pero una y otra vez observamos en las Escrituras que Dios envió a sus profetas o sacerdotes para que confrontaran a su pueblo por el pecado que cometían. Ya dijimos brevemente que el trabajo del pastor es muy similar al de un doctor. La única diferencia es que el pastor se dedica a lo espiritual y el doctor a lo físico. Si esto es cierto, imagínese que pasaría si un doctor fuera negligente en su trabajo de salvar la vida de un hombre que viene a él moribundo, pero el doctor simplemente se niega a tratarlo porque no quiere herirlo o porque no quiere cortar y extraer el mal que aflige a su paciente, sólo porque es incómodo y doloroso hacerlo. ¿Qué pensaría usted de ese doctor? Apliquemos eso al pastor que no exhorta y confronta con la Palabra de Dios a los creyentes que se sientan semana a semana en su congregación, sólo porque no los quiere ofender. Esa es la tragedia en muchas congregaciones. Los pastores están más interesados en hacer sentir bien a las personas que en agradar a Dios. Se interesan más en llenar los templos de gente que llenar a la gente del conocimiento del Dios verdadero y santo.

Una nación afrentada

Proverbios 14:34 dice:

> *"La justicia engrandece a la nación, y el pecado es afrenta de las naciones".*

Acaso alguien puede negar semejante aseveración. Hoy, Estados Unidos de Norte América es un vivo ejemplo de ello. Norte América es una nación afrentada, humillada, dividida política, racial, espiritual y familiarmente, y por ende en todas las esferas sociales. ¿Por qué? La respuesta es tan simple que si un niño de primer grado supiera lo que Proverbios 14:34 dice, respondería inmediatamente y sin vacilar. La respuesta es el pecado, así de simple. Todo empezó cuando este país le abrió las puertas al liberalismo y se dio a la tarea de promulgar un sin número de leyes que son anti Dios y anticristianas, es más, son un ataque directo a la fe cristiana. Por ejemplo: se permitió el aborto en cualquier etapa de la gestación, se aprobó el matrimonio del mismo sexo, se legalizó la mariguana, etc., etc. La sociedad se ha entregado a un liberalismo extremo que se ha convertido en un Sodoma y Gomorra moderno. No hay justicia en la nación; el pecado abunda por todas partes. Los líderes, tanto políticos como espirituales, se sienten señores del pueblo y manipulan y hacen como quieren, según sus propios intereses. La podredumbre hiede, huele mal, y supura en todos los poros de la sociedad moderna. Se ha restringido la libertad de expresión, pero sólo a aquellos que se oponen al mal, al pecado. Ya no se permite mencionar la palabra pecado en público. Si afirmas que el aborto o el homosexualismo es pecado, te censuran en los medios y en las redes sociales, te etiquetan como homofóbico intolerante. Ahora, es usted el que está haciendo el mal, no ellos. En los Estados Unidos de Norte América hay una gran confusión entre lo que es libertad y libertinaje. Buscando justicia se comete injusticia, se condena al inocente y se libera al culpable. Debido a todo ello, Estados Unidos ha perdido el respeto y la dignidad que antes tenía. La única manera de quitar la afrenta es volver a la justicia, volver a condenar lo que Dios condena, y aprobar lo que Dios aprueba. Para tener un concepto claro y correcto de lo que la justicia es y significa, necesitamos volver a mirar en la Biblia. Dios es, y debe ser, la máxima autoridad y quién determina lo que es correcto y lo que no lo es. Como hombres torcemos el derecho y la justicia, de eso somos testigos. Esto es lo que Dios ordenó a Israel antes de entrar a la tierra prometida. En Deuteronomio 16:18-20 el Señor dijo: "[18] *Jueces y oficiales pondrás en todas tus ciudades que Jehová tu Dios te dará en tus tribus, los cuales juzgarán al pueblo con justo juicio.* [19] *No tuerzas el derecho; no hagas acepción de personas; ni tomes soborno, porque el soborno ciega los ojos de los sabios, y pervierte las palabras de los justos.* [20] *La justicia, la justicia seguirás, para que vivas y heredes la tierra que Jehová tu Dios te da*".

Iglesia, Dios quiere que corrijamos nuestro camino; busquemos la justicia y hagamos conforme a la verdad, y el Dios de paz y misericordia nos restaurará. No esperemos bendición si continuamos haciendo el mal, porque no sucederá. Dios nos está llamando al arrepentimiento y a volvernos a él; oigamos su voz. No endurezcamos nuestro corazón. El Señor es bueno y muy misericordioso, él nos perdonará. Mientras conversaba con el pastor Rubén C. Casas, quien corrigió este manuscrito, él hizo el siguiente comentario, que creo muy pocos han entendido: "La pandemia es un mensaje de Dios".

Así es, Dios está hablando a la humanidad, y especialmente a su iglesia, por medio de esta pandemia que Él ha permitido. Dios quiere llamar nuestra atención a través de esta prueba. Pero ¿será que hemos oído su mensaje y, sobre todo, que lo hemos entendido? Me parece que el Señor aún sigue hablando y esperando nuestra respuesta. ¡Qué impresionante es y con cuanta precisión nuestras acciones se parecen a las del pueblo de Israel en la antigüedad! Leamos lo que el Señor declaró acerca de ellos a través del profeta Amós 4:4-8 (PDT):

“[4]¡Vayan ya a pecar a Betel! ¡Vayan ya a Guilgal y pequen mucho más! Cada mañana lleven sus ofrendas y sacrificios y al tercer día lleven la décima parte de su cosecha. [5] Quemen pan con levadura como ofrenda de gratitud. Anuncien públicamente todas sus ofrendas voluntarias, porque eso es lo que les encanta hacer a ustedes, pueblo de Israel. Es lo que dice el Señor DIOS. [6] »No les di nada de comer, y les faltó comida en todas sus ciudades. ***Pero ustedes no quisieron regresar a mí. Es lo que dice el SEÑOR.*** *[7] »Detuve la lluvia tres meses antes de la cosecha, y no crecieron los cultivos. Permití que lloviera en unas ciudades y en otras no. Unos lugares tuvieron lluvias y otros se secaron. [8] Los refugiados de dos o tres ciudades se iban a otra ciudad en busca de agua, pues no hubo suficiente para todos.* ***Aun así ustedes no regresaron a mí». Es lo que dice el SEÑOR.*** *[9] »Hice que se dañaran sus cultivos por el calor y las plagas. Destruí sus huertos y viñedos, y las langostas devoraron sus higueras y olivos,* ***pero ustedes no regresaron a mí. Es lo que dice el SEÑOR.*** *[10] »Envié plagas terribles como hice con Egipto. Hice que sus jóvenes murieran en batallas junto con sus caballos. Hice que ustedes sintieran el mal olor de su ejército,* ***pero ustedes no regresaron a mí. Es lo que dice el SEÑOR.*** *[11] »Los destruí como lo hice con Sodoma y con Gomorra. Parecían como una brasa sacada del fuego,* ***pero aun así ustedes no regresaron a mí. Es lo que dice el SEÑOR.*** *[12] »Por eso voy a castigarte, Israel. Voy a hacer lo mismo contigo; así que prepárate para encontrarte con tu Dios, Israel”.*

Escuchó bien, el Señor les envió una calamidad tras otra, pero Israel no se arrepintió. El Señor dice esto porque conoce nuestros corazones, y a él no lo podemos engañar. ¿Acaso nos hemos arrepentido de corazón con la prueba que Dios ha permitido en todo el mundo? Cómo iglesia, ¿estamos gimiendo en oración y pidiendo misericordia? No lo creo. Antes veo que cada uno corre a sus afanes de siempre. Mire a su alrededor lo que está sucediendo cada día en el mundo: crisis espiritual, crisis moral, crisis social, crisis racial, crisis económica, crisis política, crisis bélica, crisis sanitaria, crisis ecológica, etc., etc. Dios nos está hablando. ¡Iglesia, es tiempo de despertar!

Ahora, pues, consideremos cuál es la solución a tan grave problema como este…

SEGUNDA PARTE

CÓMO RESOLVERLO

VIII. EL CAMINO A LA RESTAURACIÓN

> *"Con misericordia y verdad se corrige el pecado, y con el temor de Jehová los hombres se apartan del mal" Proverbios 16:6.*

Muy bien, ya hemos hablado lo suficiente del problema y sus consecuencias, ahora es tiempo de que hablemos de la solución. Como dije al principio, no se trata de buscar culpables, sino de encontrar la solución. Si tuviéramos que señalar a un culpable tendríamos que señalarnos a nosotros mismos, como escribió el pastor A. W. Tozer:

> "Ninguna persona es responsable directa de esta enfermedad. Más bien, todos somos un poco culpables de ella. Todos hemos contribuido, directa o indirectamente, a este estado de cosas. *Hemos sido demasiado ciegos para ver, o demasiado tímidos para hablar, o demasiado egoístas para no desear otra cosa que esa pobre dieta con la cual otros parecen quedar satisfechos.* Para decirlo de otro modo, aceptamos las ideas de uno y otros, imitamos las vidas de otros, y aceptamos lo que ocurre a otros como modelo para nosotros. Por toda una generación hemos estado descendiendo. Nos encontramos ahora en un sitio bajo y arenoso, donde sólo crece un pasto pobre, y hemos hecho que la Palabra de Dios

> El fin de todo el discurso oído es este: Teme a Dios, y guarda sus mandamientos; porque esto es el todo del hombre.
>
> *Eclesiastés 12:13*

se ajuste a nuestra condición, y todavía decimos que este es el mejor alimento de los bienaventurados".[1]

Sabemos que antes de resolver cualquier problema es necesario encontrar aquello que lo está causando. Así nosotros aquí, era necesario hablar de lo anterior (el problema) y exponerlo a la luz para que podamos ahora buscar la solución. Esta es la parte que más me gusta, porque Dios no nos deja como estamos en nuestros pecados. Él siempre nos ofrece salvación y esperanza. Usaré este principio: Si la Biblia nos reveló nuestro problema como persona y como iglesia, de igual manera será la Biblia la que nos revelará la solución. Esto es maravilloso, quiere decir que la solución no sale de mí, y que no soy yo quien establece los parámetros para la solución, sino Dios mismo en Su Palabra. Por lo tanto, si seguimos sus instrucciones al pie de la letra y hacemos lo que nos corresponde hacer, pronto veremos como Dios restaurará una vez más a su iglesia amada y la usará para su gloria y alabanza. Yo sólo acomodaré los pasajes de la Escritura que nos apuntan o dirigen hacia la solución o salida. ¡Gloria al Señor! Debo decir también que esta es la parte más importante de todo lo que hemos estado hablando, si es que no queremos seguir igual. Si queremos que las cosas cambien y sean diferentes, entonces nos compete, a usted y a mí que aún estamos con vida hoy, hacer algo al respecto. Ya sabemos que estamos mal y que hemos pecado en gran manera como iglesia. Ahora, ¿cómo resolvemos nuestro problema? Pues bien, esa es la razón por la cual escribí este libro y por la cual está leyendo. A continuación, le presento un patrón que se repite en la Biblia y que siempre lleva al mismo resultado. Esto es comprobado por ejemplos bíblicos claros, tanto individuales como colectivos.

---

1 A. W. Tozer, *La búsqueda de Dios*. The Moody Bible Institute of Chicago. Chicago, Illinois, 1977 (p. 69-70).

(2 Crónicas 20; Salmos 51; Nehemías; Daniel 9). El problema o pecado de la iglesia ha provocado que la presencia de Dios abandone su casa, así como sucedió en Israel. Si el problema es grande y serio, de igual manera tendrá que ser la solución. Debemos tomar una decisión firme; tenemos que ser radicales. La buena noticia es que no tenemos que esperar semanas ni meses para ver el cambio, sólo hace falta un corazón dispuesto y el cambio puede suceder en un momento. Dios nos perdonará tan pronto como nos arrepintamos, si tan sólo nos volvemos a él en humildad y reconocemos que nos hemos alejado. No hará falta esperar mucho tiempo para eso. El cambio puede empezar hoy mismo. Regresemos a Dios ya, no hay tiempo que perder. Queda claro que las instrucciones a seguir para la solución a nuestro problema son establecidas por el mismo Dios a quien hemos ofendido y no por ningún individuo ni organización.

El papel de la iglesia en la solución

La iglesia tiene un papel muy importante en la solución a todos los problemas que agobian al mundo, incluyendo problemas sociales, raciales, morales, espirituales, y políticos. Aunque la iglesia no es la solución en sí, tiene y conoce a Aquel quien es la solución. A la iglesia le fue encomendada la tarea de dar a conocer al mundo a Aquel quien es el autor de la salvación. Los cristianos no debemos quejarnos de la condición en la cual se encuentra el mundo hoy. ¿Por qué? Porque la iglesia juega un papel muy importante en todo esto y es hasta cierto punto responsable. ¿Cómo es eso posible? Recuerde que anteriormente hablamos de que la iglesia ha perdido su propósito. Pues bien, esto que estamos viviendo en el mundo hoy es evidencia y reflejo de eso. Es cuando la iglesia pierde su propósito que el mundo se descompone. Esto no debería extrañarnos, "y ¿cuál es el propósito de la iglesia?", podría alguien preguntar, si a estas alturas no lo conoce. Pues bien, nuevamente aquí esta: la iglesia es la *sal* de la tierra y la *luz* del mundo. En Mateo 5:13-16, Jesús declaró:

"[13] Vosotros sois la sal de la tierra; pero si la sal se desvaneciere, ¿con qué será salada? No sirve más para nada, sino para ser echada fuera y hollada por los hombres. [14] Vosotros sois la luz del mundo; una ciudad asentada sobre un monte no se puede esconder. [15] Ni se enciende una luz y se pone debajo de un almud, sino sobre el candelero, y alumbra a todos los que están en casa. [16] Así alumbre vuestra luz delante de los hombres, para que vean vuestras buenas obras, y glorifiquen a vuestro Padre que está en los cielos".

Si la sal se desvanece y pierde su sabor y sus propiedades, entonces pierde su valor y no sirve más para nada. Si la luz se encapsula y se esconde su brillo, entonces todo a su alrededor se vuelve obscuro, tenebroso. Si esto es cierto en lo físico, también lo es en lo espiritual. Esto no lo digo yo, lo dice Jesús quien es el dueño y fundador de la iglesia. Él la creó y le dio este papel o propósito. Pero si la iglesia se ha vuelto como el mundo, entonces no habrá ningún modelo al cual los hombres quieran seguir o imitar. ¿Entonces, cómo es que la iglesia tiene la solución? Volviendo a Dios. El Señor no puede usar una iglesia que no hace la diferencia en el mundo. El papel de la iglesia en la solución al problema es que ella es el agente por el cual Dios quiere afectar y cambiar al mundo. Dios puede hacerlo sin nosotros, pero le ha placido salvar a los pecadores por medio de la predicación del Evangelio, eso sólo lo puede hacer la iglesia. En otras palabras, los redimidos que han recibido la gracia de Dios, deben estar alcanzando a los pecadores a través de sus experiencias (1 Corintios 1:21; 1 Timoteo 1:15-16). Necesitamos regresar a nuestro Creador y Salvador en arrepentimiento. Dios promete perdonarnos y restaurarnos si nos volvemos a él y disponemos nuestros corazones para andar en sus caminos. Dios usará la iglesia cuando ella se vuelva a él con un corazón sincero.

¿Es posible la restauración?

Por supuesto que sí, la restauración es posible gracias a la infinita gracia y misericordia de Dios.

El hombre no puede salvarse a sí mismo, eso ya lo sabemos. Estamos muertos en nuestros delitos y pecados delante de Dios y nada podemos hacer para revivirnos. La única esperanza es que Dios vuelva a darnos vida, que nos resucite. La buena noticia es que Dios en su misericordia se compadece de nosotros y se acuerda de que somos polvo. Él es compasivo y misericordioso, esta es una de las características y uno de los atributos del Dios vivo, es lento para la ira y grande en misericordia y verdad (Éxodo 34:6; Salmos 86:15; 103:8; 145:8). Siempre nos ofrece una salida, nos da una solución al problema y nos deja una puerta abierta por si queremos regresar. *Esa puerta es el arrepentimiento*. Anteriormente vimos que Deuteronomio 28 expone de manera clara las consecuencias tanto de la obediencia como de la desobediencia. Pues bien, también existe un pasaje en la Escritura en el cual el Señor expuso de manera clara las condiciones para la restauración. Me refiero a Deuteronomio 30:1-20. Leamos:

> *"[1] Sucederá que cuando hubieren venido sobre ti todas estas cosas, la bendición y la maldición que he puesto delante de ti,* ***y te arrepintieres*** *en medio de todas las naciones adonde te hubiere arrojado Jehová tu Dios,* ***[2] y te convirtieres a Jehová tu Dios, y obedecieres a su voz conforme a todo lo que yo te mando hoy, tú y tus hijos, con todo tu corazón y con toda tu alma, [3] entonces Jehová hará volver a tus cautivos, y tendrá misericordia de ti, y volverá a recogerte de entre todos los pueblos adonde te hubiere esparcido Jehová tu Dios.*** *[4] Aun cuando tus desterrados estuvieren en las partes más lejanas que hay debajo del cielo, de allí te recogerá Jehová tu Dios, y de allá te tomará; [5] y te hará volver Jehová tu Dios a la tierra que heredaron tus padres, y será tuya; y te hará bien, y te multiplicará más que a tus padres.* ***[6] Y circuncidará Jehová tu Dios tu corazón, y el corazón***

de tu descendencia, para que ames a Jehová tu Dios con todo tu corazón y con toda tu alma, a fin de que vivas. *[7] Y pondrá Jehová tu Dios todas estas maldiciones sobre tus enemigos, y sobre tus aborrecedores que te persiguieron. [8] Y tú volverás, y oirás la voz de Jehová, y pondrás por obra todos sus mandamientos que yo te ordeno hoy. [9] Y te hará Jehová tu Dios abundar en toda obra de tus manos, en el fruto de tu vientre, en el fruto de tu bestia, y en el fruto de tu tierra, para bien; porque Jehová volverá a gozarse sobre ti para bien, de la manera que se gozó sobre tus padres,* *[10]* ***cuando obedecieres a la voz de Jehová tu Dios, para guardar sus mandamientos y sus estatutos escritos en este libro de la ley; cuando te convirtieres a Jehová tu Dios con todo tu corazón y con toda tu alma.*** *[11] Porque este mandamiento que yo te ordeno hoy no es demasiado difícil para ti, ni está lejos. [12] No está en el cielo, para que digas: ¿Quién subirá por nosotros al cielo, y nos lo traerá y nos lo hará oír para que lo cumplamos? [13] Ni está al otro lado del mar, para que digas: ¿Quién pasará por nosotros el mar, para que nos lo traiga y nos lo haga oír, a fin de que lo cumplamos? [14] Porque muy cerca de ti está la palabra, en tu boca y en tu corazón, para que la cumplas. [15] Mira, yo he puesto delante de ti hoy la vida y el bien, la muerte y el mal; [16] porque yo te mando hoy que ames a Jehová tu Dios, que andes en sus caminos, y guardes sus mandamientos, sus estatutos y sus decretos, para que vivas y seas multiplicado, y Jehová tu Dios te bendiga en la tierra a la cual entras para tomar posesión de ella. [17] Mas si tu corazón se apartare y no oyeres, y te dejares extraviar, y te inclinares a dioses ajenos y les sirvieres, [18] yo os protesto hoy que de cierto pereceréis; no prolongaréis vuestros días sobre la tierra adonde vais, pasando el Jordán, para entrar en posesión de ella.* *[19]* ***A los cielos y a la tierra llamo por testigos hoy contra vosotros, que os he puesto delante la vida y la muerte, la bendición y la maldición; escoge, pues, la vida, para que vivas tú y tu descendencia; [20] amando a Jehová tu Dios, atendiendo a su voz, y siguiéndole a él; porque él es vida para ti, y prolongación de tus días; a fin***

de que habites sobre la tierra que juró Jehová a tus padres, Abraham, Isaac y Jacob, que les había de dar".

Maravilloso, Dios mismo nos da los lineamientos para la restauración. Después de leer semejantes palabras llenas de gracia, bondad y sabiduría, no me queda más que maravillarme ante tal exposición y hacer eco de lo que David escribió en el Salmo 19:7-11. Él dijo:

> "[7] *La ley de Jehová es perfecta, que convierte el alma; el testimonio de Jehová es fiel, que hace sabio al sencillo.* [8] *Los mandamientos de Jehová son rectos, que alegran el corazón; el precepto de Jehová es puro, que alumbra los ojos.* [9] *El temor de Jehová es limpio, que permanece para siempre; los juicios de Jehová son verdad, todos justos.* [10] *Deseables son más que el oro, y más que mucho oro afinado; y dulces más que miel, y que la que destila del panal.* [11] *Tu siervo es además amonestado con ellos; en guardarlos hay grande galardón*".

La palabra del Señor es perfecta, fiel, recta, pura, limpia, verdadera, justa y permanece para siempre. Convierte nuestra alma, nos hace sabios cuando la obedecemos, alumbra nuestros ojos, es más valiosa que el oro y es más dulce que la miel. Nos amonesta y nos recompensa cuando la obedecemos. Eso y mucho más es y hace la palabra de Dios por nosotros y en nosotros.

Antes de seguir adelante, tengo que ser claro en esto: aunque la solución parezca fácil y simple, no lo es. Si lo fuera, ya las cosas habrían cambiado desde hace mucho tiempo. Se requiere de hombres y mujeres valientes y determinados. Se requiere renunciar al mundo, a los placeres y deseos; y eso no es fácil. No todos estamos dispuestos a hacerlo, esa es la verdad. Pero la buena noticia es que no todos tienen que estar dispuestos, empieza con uno, dos o tres (nunca en la historia el avivamiento ha empezado con multitudes),

> "Con misericordia y verdad se corrige el pecado, y con el temor de Jehová los hombres se apartan del mal".
>
> *Proverbios 16:6*

siempre fueron unos pocos. Como dijo el gran predicador Charles Spurgeon "Un ministro santo es un arma poderosa en la mano de Dios".[2] Así que, si está dispuesto, el avivamiento empezará con usted. No espere a que otros lo hagan, sea usted un avivador. Encienda el fuego del don de Dios que está en usted (2 Timoteo 1:6). Ponga sacrificio sobre el altar y verá cómo Dios enviará su fuego. Porque como alguien dijo: "Dios nunca enviará fuego a un altar vacío" (1 Reyes 18:20-40). Sea usted un sacrificio vivo para Dios (Romanos 6); y le aseguro, el fuego de Dios descenderá sobre su vida.

La necesidad de la verdad *(La Palabra de Dios)*

Aunque son muchos los pasajes en la Escritura que son clave para la solución a nuestro problema, la esencia es la misma. Estas instrucciones fueron dadas en diferentes épocas y a diferentes personas, pero las circunstancias eran las mismas. El problema era siempre el pecado, y la solución era siempre abandonarlo y volver a Dios. Tal vez se añada uno que otro detalle, pero en esencia, es la misma idea. ¿Por qué es lo mismo? Porque *Dios es el mismo, con las mismas leyes y los mismos estándares para su pueblo.* Dios sigue aborreciendo el pecado lo mismo que ayer y que hace dos mil años. Él no ha cambiado, su estándar es el mismo. Ya hablamos de esto anteriormente. Entonces empecemos por considerar los pasajes de la Escritura en los cuales Dios establece los parámetros para la restauración, y al final compartiré algunos ejemplos de cómo Dios cumplió esta promesa cuando su pueblo obedeció. Si se siente confrontado por lo que va a leer y si le habla personalmente, ¡que bueno! No me disculparé, porque esa es precisamente la función de la palabra de Dios y la razón por la cual Dios la ha enviado; su palabra no regresará vacía (Isaías 55:8-11). Hebreos 4:12-13 dice:

---

2 Charles H. Spurgeon. *Discurso a mis estudiantes.* Casa Bautista de Publicaciones. El Paso, Texas, 1980 (p. 7).

"[12] Porque la palabra de Dios ***es viva y eficaz****, y más cortante que toda espada de dos filos; y penetra hasta partir el alma y el espíritu, las coyunturas y los tuétanos, y discierne los pensamientos y las intenciones del corazón. [13] Y no hay cosa creada que no sea manifiesta en su presencia; antes bien todas las cosas están desnudas y abiertas a los ojos de aquel a quien tenemos que dar cuenta".*

Dejemos entonces que la palabra de Dios entre, penetre, corte y divida aquello que tiene que ser dividido en nosotros. Es tiempo de dejar que Dios obre, empezando en nosotros mismos.

Misericordia, verdad y temor de Dios

Proverbios 16:6 dice: "Con *misericordia y verdad se corrige el pecado*, y *con el temor de Jehová los hombres se apartan del mal*".

Esta es la fórmula o la receta perfecta para el problema que estamos tratando. Si hemos de corregir el pecado en nuestras vidas, tiene que ser con *la verdad*. La verdad de quién es Dios y quiénes somos nosotros. Tenemos que llamar las cosas como Dios las llama, a lo que es pecado debemos llamarle pecado. Pero tenemos que hacerlo *con misericordia*, porque nadie está exento en esto, todos hemos pecado y fallado delante de Dios. Así también, nadie se va a corregir sino hasta que sea expuesto a la Luz de la Verdad (Juan 8:32). La palabra de Dios es verdad (Juan 17:17). Eso es lo que he estado haciendo a lo largo de este escrito, sólo he dicho lo que la palabra de Dios dice. Todo lo que he escrito no ha salido de mi imaginación. Así que, si hemos de corregirnos, la Verdad de Dios tiene que ser proclamada, empezando desde los púlpitos. Por lo tanto, tenemos que hablar lo que Dios está hablando, no lo que la gente quiere oír. Ya no hay tiempo para eso, los que no lo quieran oír y se quieran ir, que se vayan. Jesús nunca retuvo a nadie a la fuerza, ni cambió su mensaje por aquellos a quienes les parecía ofensivo. Cuando sus discípulos le dijeron: "Maestro dura es esta palabra y muchos se están yendo",

¿cuál cree que fue su respuesta? Esta fue su respuesta: "*¿Queréis acaso iros también vosotros?*" (Juan 6:60-68).

Sí hemos de corregir el pecado, tenemos que hacerlo con misericordia, pero siempre tenemos que decir la verdad. Un error muy grave que hemos cometido los pastores y líderes es que hemos sido muy tolerantes en cuanto al pecado. Hemos cerrado nuestros ojos, oídos y boca ante lo que pasa en la iglesia y hacemos como que no vimos, ni oímos nada; por lo tanto, no decimos nada (Isaías 56:10). Hemos tratado a todos con mucha complacencia, y en nuestro deseo de no ofenderles, les hemos ocultado la verdad, la verdad de que Dios juzgará a los vivos y a los muertos. Cada obra, sea buena o mala, Dios la conoce. No podemos ser fieles predicando sólo la misericordia de Dios; necesitamos también decir que es un Dios justo, recto y santo. Es misericordioso sí, pero también ama la justicia y la verdad. Si esa ha sido nuestra postura, eso tiene que cambiar. Siempre habrá quienes se ofendan con el mensaje (recuerde la palabra de Dios penetra, corta, divide y ofende a la carne), pero eso no nos debe hacer cambiar el mensaje. Seamos fieles al Señor.

La siguiente declaración viene de Proverbios 16:6: "*con el temor de Jehová los hombres se apartan del mal*". Es de suma importancia que entendamos esto. Sólo cuando proclamamos la verdad de quién es Dios y quiénes somos nosotros, es que los hombres temerán a Dios de manera correcta. De lo contrario, sucederá lo que ha acontecido en nuestra sociedad. No hay temor de Dios, cualquiera se burla de Dios. No hay paz, no hay ley, no hay orden. Abundan la maldad y el pecado, y se vuelve insoportable vivir, porque nadie teme a Dios. ¿Por qué los hombres no temen a Dios? Porque no conocen la verdad de quién y cómo es Dios. Cuando los hombres han hecho un dios a su imagen, tienen la imagen equivocada de Dios, por eso no le temen. Dios nos hizo a su imagen y nos prohibió hacer lo contrario. Si lo hacemos, será bajo nuestro propio riesgo y para nuestro propio mal. El resultado será que terminaremos con muchos dioses, todos ellos falsos, ninguno verdadero; entonces nuestro sistema de valores y creencias será un error, un engaño.

El que conoce a Dios le teme y quien no le teme no le conoce. El temor a Dios no significa que andaremos temblando de miedo. Más bien significa respetarle, obedecerle, amarle, reconocer quién es él y reconocer también nuestra condición y posición. El conocimiento antecede al temor de Dios y a la obediencia. Es por medio de ese conocimiento experimental que podemos reverenciar su santo y eterno nombre, y sin ese conocimiento previo no podemos temerle. Este patrón aparece una y otra vez a lo largo de la historia bíblica. Siempre que el pueblo dejaba de conocerle, dejaba también de temerle, era entonces cuando se daban al pecado, a la desobediencia y a los ídolos, y se pervertían creyendo y temiendo cualquier otra cosa, menos a Dios; por lo tanto, eran destruidos (Oseas 4:1, 6; 6:6). El temor a Dios siempre se expresa o se manifiesta en amor, servicio, obediencia y sumisión (Isaías 8:12-13; Nehemías 5:15). El temor de Dios es como un freno para nuestras vidas desenfrenadas; es como la sal que preserva la carne y la libra de podrirse y descomponerse totalmente.

Esto debemos saberlo ya: nadie nace con el conocimiento ni con el temor de Dios en su corazón. Es por eso que se necesita la predicación del Evangelio. Esto es fundamental. Dios quiere ser conocido, por eso se nos ha revelado. Por ejemplo, cuando Dios sacó a Israel de la esclavitud en Egipto, se reveló a ellos para que le conocieran. A través de leyes, ordenanzas y mandamientos, Dios les revelaba su carácter, su voluntad, sus planes y sus propósitos para ellos. Ni ellos ni nadie podían temerle si no le conocían primero. Esto funciona así: entre más conozcamos a Dios, más le temeremos y obedeceremos, y más nos apartaremos del mal (Deuteronomio 6:1-9; 14:23; 17:19; 31:13; 2 Reyes 17:28). Si le conociéramos, le amaríamos fácilmente; creeríamos en él sin problemas; rendiríamos nuestras vidas y voluntades a él; y le confiaríamos nuestro futuro sin ninguna dificultad. ¿Por qué? Porque cuando le conocemos, descubrimos que Dios es amor y paz y que es misericordioso, omnisciente, omnipotente, omnipresente, etc., etc. Eso produce paz, seguridad y confianza. Al conocer sus planes y propósitos para nuestras vidas, descubrimos que él quiere lo mejor para nosotros, más que nosotros mismos. Jesús es la revelación más sublime que tenemos de Dios ahora; él nos ha revelado cómo es Dios y nos ha mostrado cuánto Dios nos ama.

El temor a Dios es una elección, es algo que se escoge o decide. Como hombres podemos decidir temer a Dios o no hacerlo. Con el simple hecho de no leer su palabra y no tomarla en serio, estamos decidiendo no temerle. Proverbios 1:29-30 dice: "[29] *Por cuanto aborrecieron la sabiduría,* ***Y no escogieron el temor de Jehová,*** [30] ***Ni quisieron mi consejo, Y menospreciaron toda reprensión mía***". Proverbios 14:2 dice: "***El que camina en su rectitud teme a Jehová; más el de caminos pervertidos lo menosprecia***". El temor de Jehová hace la diferencia en la vida del hombre, a tal grado que se refleja en su manera de caminar y vivir. Si un hombre camina en rectitud, es indicio de que teme al Señor en su corazón, pero si camina torcido, por senderos tenebrosos, entonces menosprecia e ignora, no sólo el consejo de Dios, sino a Dios mismo. Cómo vivimos externamente es un reflejo de lo que creemos internamente. Si hay temor de Dios en el corazón del hombre, los demás lo notarán porque habrá obediencia y sumisión a su voluntad; de lo contrario, habrá desobediencia y menosprecio.

El problema de la iglesia es el pecado, eso ya lo sabemos y está claro. Pero si vamos a lo más profundo, descubriremos por qué los hombres pecan, aun los que se dicen ser creyentes. La razón es porque no conocen a Dios ni a su propio corazón. Quiere decir que si no hay conocimiento experimental en las mentes y los corazones de los hombres, no habrá temor de Dios en su forma de vivir. Este es el meollo del asunto. El pecado se da y existe en los hombres porque no hay en ellos un verdadero y genuino conocimiento de Dios según lo revelan las Escrituras. Y si no hay conocimiento de Dios en su pueblo, tarde o temprano será destruido y perecerá (Oseas 4:6; 6:6). Sin conocimiento ni temor de Dios, el pueblo se desenfrena y termina en el abismo, así como un carro sin frenos. Esta es la razón por la cual la iglesia se encuentra en la condición que está. Es por falta de conocimiento de Dios. Este descubrimiento a su vez nos revela también la razón del porque tanta oposición y lucha en contra del conocimiento de Dios, porque tanta guerra en contra de la Biblia y porque tanto afán por apartarla de las mentes de los hombres. Satanás sabe bien lo que el verdadero conocimiento de Dios hace en el corazón de los hombres (los aparta del pecado), por eso hará todo lo posible por impedirlo. Como dijo el gran expositor y maestro Howard Hendricks: "Este libro te apartará del pecado o el pecado te apartará de este libro".

Ahora, el conocimiento del cual estamos hablando es un conocimiento experimental. Es decir, conocer a Dios por experiencia propia, no sólo de manera teórica y mental, sino como algo que hemos experimentado y palpado con nuestros sentidos. Tal y como escribió el apóstol Juan en su primera carta:

> "[1] *Lo que era desde el principio,* ***lo que hemos oído, lo que hemos visto con nuestros ojos, lo que hemos contemplado, y palparon nuestras manos tocante al Verbo de vida*** [2] *(porque la vida fue manifestada, y la hemos visto, y testificamos, y os anunciamos la vida eterna, la cual estaba con el Padre, y se nos manifestó);* [3] ***lo que hemos visto y oído,*** *eso os anunciamos, para que también vosotros tengáis comunión con nosotros; y nuestra comunión verdaderamente es con el Padre, y con su Hijo Jesucristo*" (1 Juan 1:1-3).

Termino este punto con el resumen y conclusión de uno de los libros de sabiduría en la Biblia, me refiero al libro de Eclesiastés. Salomón el escritor del libro, quien fuera rey de Israel, quien fuera el hombre más rico de la tierra, quien fuera el hombre más sabio de todos los tiempos y quien experimentara todo lo que se hace debajo del cielo, vio todos los afanes con que se fatigan los hombres debajo del sol. Salomón había tratado vanamente de encontrar el significado de la vida del hombre a través de la riqueza, el placer, la música, la fama, el arte, la agricultura, la ganadería, la sabiduría, etc., etc. Después que ha ponderado en todo lo anterior, termina con esta exhortación a todos los hombres, de todos los tiempos y de todas las clases sociales, a fin de que nadie más tenga que gastar ni su tiempo, ni su energía, ni sus recursos en vanidades. Él escribió lo siguiente en Eclesiastés 12:12-14:

> “[12] *Ahora, hijo mío, a más de esto, sé amonestado. No hay fin de hacer muchos libros; y el mucho estudio es fatiga de la carne.* [13] ***El fin de todo el discurso oído es este: Teme a Dios, y guarda sus mandamientos; porque esto es el todo del hombre.*** [14] ***Porque Dios traerá toda obra a juicio, juntamente con toda cosa encubierta, sea buena o sea mala***”.

Es prudente escuchar el consejo del hombre más sabio que ha existido, ¿no cree? Temamos pues a Dios y guardemos sus mandamientos, y viviremos satisfechos, realizados y felices.

Pasos hacia la restauración

Jeremías 15:19

> “*Por tanto, así dijo Jehová:* ***Si te convirtieres, yo te restauraré****, y delante de mí estarás; y si entresacares lo precioso de lo vil, serás como mi boca. Conviértanse ellos a ti, y tú no te conviertas a ellos*”.

Dios promete restaurarnos si nos volvemos a él. Empecemos por definir qué la palabra restauración significa.

Restaurar:

1. Arreglar los daños que ha sufrido una obra de arte, un edificio u otra cosa.
2. Volver a poner a una persona o una cosa en el estado en que antes estaba.
3. Reparar, volver a poner [una cosa] en el estado o estimación que antes tenía.
4. Recuperar o recobrar.[3]

Todos estos beneficios tendremos cuando nos volvamos a Dios. Nosotros no nos podemos restaurar a nosotros mismos; la

---

3 https://es.thefreedictionary.com/restaurar

restauración es algo que sólo Dios puede hacer. Esta es la esperanza que está intrínseca en la fe cristiana: Dios promete restauración completa y total. No importa cuán desintegradas y desmoronadas estén nuestras vidas, somos la obra maestra del Señor. Él reparará y arreglará todos los daños que hemos sufrido. Nos volverá a poner en el estado y posición que antes teníamos. Volverá a unir los pedazos rotos y nos volverá a usar para su gloria. Esto es maravilloso y es esperanzador.

Ahora veamos uno de los pasajes claves en la Escritura que nos muestra el camino a la restauración. Me refiero a 2 Crónicas 7:14

> "Si se ***humillare mi pueblo***, sobre el cual mi nombre es invocado, *y* ***oraren****, y* ***buscaren*** *mi rostro, y se* ***convirtieren*** *de sus malos caminos;* ***entonces yo oiré desde los cielos****, y* ***perdonaré sus pecados****, y* ***sanaré su tierra***".

Este es uno de los pasajes más citados y circulados en las redes sociales este último año. Pero, aunque ha sido citado y es conocido por muchos, lamentablemente no ha producido mucho efecto ni cambio. ¿Por qué? Porque a Dios no lo impresionamos con lo que decimos, lo que hacemos es más importante. No se trata de repetir frases memorizadas (aunque eso tiene su lugar); se trata de vivir una vida de obediencia diaria. En este pasaje hay un si condicional, y hay dos partes involucradas: nosotros y Dios. El si condicional indica que Dios hará su parte sólo hasta después que nosotros hayamos hecho la nuestra. Hay una condición que Dios nos pone. ¿Por qué? Porque Dios ya hizo su parte (nos salvó y se reveló a nuestras vidas), pero nosotros como su pueblo, una vez que le conocimos, nos rebelamos y le despreciamos; entonces ahora queda en nosotros la responsabilidad de volver. Somos nosotros los que tenemos que regresar y arrepentirnos delante Dios a quien hemos ofendido. Así que, humillémonos ante Dios y mantengámonos así. Oremos hoy y sigamos orando siempre en todo lugar. Busquémosle hoy y sigamos buscándole mañana. Abandonemos el pecado y no volvamos a él nunca más. Eso es lo que Dios quiere ver, y lo que está esperando que suceda en cada uno de nosotros. Esto es lo que hará la diferencia y lo que captará la atención de Dios. Él será pronto en perdonar, el Señor pronto nos responderá, no tardará.

Esta es la fórmula o el camino que 2 Crónicas 7:14 nos marca hacia la restauración. Cuando nosotros hagamos esto:

1. Nos humillemos.
2. Oremos.
3. Busquemos el rostro de Dios, y
4. Nos arrepintamos de todo corazón.

Entonces Dios hará lo que solo él puede hacer:

1. Oirá nuestras oraciones.
2. Perdonará nuestros pecados.
3. Sanará nuestra tierra.

Esto es lo que nosotros tenemos que hacer:

1. Humillación (Reconocimiento y confesión de pecado)
Todo empieza aquí. Necesitamos reconocer que en nuestras vidas y en la iglesia en general hay mucho orgullo y soberbia. La humildad es lo contrario al orgullo, a la soberbia, a la arrogancia y a la altives de espíritu. Así que, si ha de haber alguna restauración en la iglesia en cualquier generación, lo primero que tenemos que hacer es humillarnos completamente. Lo primero que Dios nos pide es que nos humillemos ante él porque el orgullo es un estorbo a nuestras oraciones y un impedimento a nuestra comunión con él. Así que si hemos de acercarnos a Dios tendrá que ser después que nos hayamos humillado. El Salmo 138:6 declara: "*Porque Jehová es excelso, y atiende al humilde, mas al altivo mira de lejos*". Y en Santiago 4:6, el apóstol escribió: "*Pero él da mayor gracia. Por esto dice: Dios resiste a los soberbios, y da gracia a los humildes*".

Se requiere humildad para reconocer que hemos pecado contra Dios; y no sólo eso, se requiere humildad para recocer que somos pecadores. Como alguien dijo: "El hombre no es pecador porque peca, peca porque es pecador". Es decir, esa es nuestra naturaleza, todos somos pecadores, no hay nadie que sea distinto. Y qué es lo que más nos humilla sino reconocer la verdad de lo que somos. Somos pecadores desde nacimiento, esa es nuestra naturaleza. El hombre, aunque sea moralmente correcto y quiera ser una buena persona, sigue siendo un pecador por naturaleza. Sólo hasta cuando es regenerado por Dios, y le es dada una nueva naturaleza por el Espíritu, es que su condición y posición cambian, no antes (Juan 1:11-13; 3:3; Santiago 1:18; 1 Pedro 1:23).

El apóstol Juan escribió:

> "[6] *Si decimos que tenemos comunión con él, y andamos en tinieblas, mentimos, y no practicamos* ***la verdad,*** [7] *pero si andamos en luz, como él está en luz, tenemos comunión unos con otros, y la sangre de Jesucristo su Hijo nos limpia de todo pecado.* [8] ***Si decimos que no tenemos pecado, nos engañamos a nosotros mismos, y la verdad no está en nosotros.*** [9] ***Si confesamos nuestros pecados, él es fiel y justo para perdonar nuestros pecados, y limpiarnos de toda maldad***" (1 Juan 1:6-9).

Si decimos que no hemos pecado nos engañamos a nosotros mismos. Es decir, ocultar o negar que estamos enfermos cuando en verdad lo estamos, no nos sana; eso no ayuda en nada. Tenemos que ser sinceros con nosotros mismos, reconocer nuestra condición y pedir ayuda. Este es el primer paso, *debemos reconocer delante de Dios y de los demás que somos pecadores y que hemos pecado*, tal y como lo hicieron los hombres de Dios de la antigüedad. La humillación y la confesión de pecados es esencial, Salmos 32:1-5; Nehemías 1:1-11; Daniel 9:1-27; Santiago 5:16, etc., etc. Dejemos y abandonemos nuestra soberbia y orgullo, que de muy poco nos sirven. Si hemos de encontrar favor delante de Dios, humillémonos. Eso es lo que Dios espera de nosotros.

Ahora bien, ¿cómo humillarnos y qué significa eso? Pues bien, en la Biblia encontramos la respuesta. En el Salmo 35:13 David escribió: "***Pero yo,*** *cuando ellos enfermaron, me vestí de cilicio;* ***afligí con ayuno mi alma,*** *y mi corazón se volvía a mi seno*". David entendió que la manera de humillar su carne era a través del ayuno, es decir, negándose a sí mismo el placer de disfrutar la comida. Una de las fiestas más solemnes que Dios dio al pueblo judío fue el Día del Perdón o Día de la Expiación, conocido en hebreo como "Yom Kippur" (Levítico 23:26-32). Específicamente en el verso 32 leemos: "*Día de reposo será a vosotros, **y afligiréis vuestras almas**, comenzando a los nueve días del mes en la tarde; de tarde a tarde guardareis vuestro reposo*". Este era un día solemne, no era como cualquier otro día de reposo, era especial. Normalmente el día de reposo consistía en dejar de trabajar, pero en el Día de la Expiación el Señor les pidió que debían afligir sus almas. Para los judíos esto significaba observar un día de ayuno, y de esa manera, se humillaban y afligían su alma delante del Señor. Dios desea que nos humillemos delante de él, voluntariamente. El texto que estamos analizando de 2 Crónicas 7:14 dice: "***Si se humillare mi pueblo...***", no dice "yo los voy a humillar". Dios pide que nos humillemos delante de él porque esta la manera menos dolorosa, porque si él nos humilla, ***y créalo***, él puede hacerlo en un instante y sin ninguna dificultad, será mucho más doloroso para nosotros.

Veamos un ejemplo claro acerca de esto. En 1 Reyes 21, encontramos la historia del rey Acab quien cometió grandes crímenes e hizo mucho pecado ante los ojos de Jehová de los Ejércitos. Debido a su maldad, Dios le mandó un mensaje de juicio contra su casa a través del profeta Elías. Después que Acab escuchó el juicio que Dios traería sobre su casa, se humilló delante del Señor. En 1 Reyes 21:27-29 leemos:

> "[27] *Y sucedió que cuando Acab oyó estas palabras, rasgó sus vestidos y puso cilicio sobre su carne, ayunó, y durmió en cilicio, y anduvo humillado.* [28] *Entonces vino palabra de Jehová a Elías tisbita, diciendo:* [29] **¿No has visto cómo Acab se ha humillado delante de mí? Pues *por cuanto se ha humillado delante de mí, no traeré el mal en sus días;*** *en los días de su hijo traeré el mal sobre su casa*".

El Señor miró la humillación de este hombre perverso cuando ayunó y afligió su alma y lo perdonó. ¿No es eso poderoso? ¡Claro que sí! El Señor nos perdonará también a nosotros si nos humillamos, si afligimos nuestras almas y si ayunamos delante de su presencia.

2. *Oración*

Dios nos hace un llamado a la oración, pero a una oración que llegue al cielo y prevalezca. No abordaré el tema de manera profunda debido a que hay suficientes y muy buenos libros al respecto. Al final agregaré una lista de libros sugeridos para aquellos que les interese indagar más en el asunto. Sólo quiero que tengamos claro que la oración es una disciplina espiritual; y por lo tanto, enfrentaremos oposición y un sin número de ataques, puesto que estamos en una guerra espiritual. Eso no nos debe asustar ni desanimar porque Dios es el que pelea por nosotros y nos dará victoria si perseveramos.

Lamentablemente hay una extrema falta de oración en la iglesia hoy que es evidente. ¿Cómo sé eso? Recuerde, nuestra manera externa de vivir es sólo un reflejo de lo que hemos creído internamente. Si como iglesia vivimos afanados por las cosas secundarias de este mundo, eso es evidencia de que no estamos buscando primeramente el reino de Dios y su justicia (Mateo 6:33). El apóstol Pablo escribió: "[6] *No se preocupen por nada; en cambio, oren por todo. Díganle a Dios lo que necesitan y denle gracias por todo lo que él ha hecho.* [7] *Así experimentarán la paz de Dios, que supera todo lo que podemos entender. La paz de Dios cuidará su corazón y su mente mientras vivan en Cristo Jesús*". Filipenses 4:6-7 (NTV). Entonces es evidente que si vivimos preocupados por todo, es porque no estamos orando por nada.

La vida de oración de muchos cristianos hoy se resume en una oración antes de cada comida y una oración soñolienta antes de dormir, y muchos ni aun eso. ¿O sólo cuando nos encontramos en serios problemas es que nos acordamos de orar y buscar a Dios? ¿Cómo afectaremos así el reino de las tinieblas y cómo seremos efectivos en el reino de Dios? Dios no quiso que fuera así. La oración es, y siempre será, una necesidad para el pueblo de Dios. Escuchó bien, la oración es una necesidad para todo creyente. El evangelista D. L. Moody en su libro "La Oración que Prevalece", cita al Doctor Guthrie, quien dijo lo siguiente: "*La primera señal verdadera de vida espiritual, la oración, es también el medio de mantenerla. El hombre no puede vivir físicamente sin respirar como tampoco puede vivir espiritualmente sin orar*".[4]

Desarrollemos una vida de oración para que en verdad tengamos vida espiritual. Nuestro más grande y supremo ejemplo de cómo vivir la vida cristiana es Cristo mismo. El Evangelio según san Lucas hace un importante énfasis en la vida de oración de Jesús. Estos son algunos pasajes: Lucas 3:21; 5:16; 6:12; 9:18; 11:1; 22:41, 44; 23:46. Podemos apreciar que desde el principio hasta el fin de su ministerio, Jesús pasó su vida dedicado a la oración. ¿Qué nos enseña con eso? Fácil, que necesitamos orar al Padre en todo tiempo y en todo lugar. Si para Jesús el Hijo del Dios viviente la oración fue esencial e importante, imagínese para usted y para mí. Todos los días necesitamos de Dios paz, amor, consuelo, humildad, sabiduría, guianza, dirección, etc., etc. No podemos mantener una vida espiritual sin oración. Eso es imposible. Cuando no oramos, simplemente le estamos diciendo a Dios, "no te necesitamos". Imagínese que arrogancia la nuestra. Dejemos nuestra insolencia y volvamos a buscar el rostro de Dios en oración. Él está deseoso que su iglesia le busque en oración otra vez.

El llamado de Dios para su pueblo de hoy y siempre es: "Busquen mi rostro en oración, oren para que no caigan en tentación, oren en todo tiempo, oren en todo lugar, oren sin cesar". Si entendemos que este es el llamado de Dios, entendemos también que él espera una respuesta de nosotros. Podemos responder de manera positiva (obediencia), negativa (desobediencia) o indiferente (ignorar completamente el llamado). De una o de otra forma hemos de responder y cualquiera sea nuestra respuesta tendremos consecuencias, para bien o para mal. W. Tozer dijo: "Los que tienen verdadera sed de Dios no se contentan hasta que no beben de la fuente de Agua Viva. Esta genuina sed y hambre

---

4 D. L. Moody, *La oración que prevalece*. Editorial Clie, Barcelona, España, 1982 (p. 14).

de Dios es el único precursor de avivamientos en el mundo religioso".[5] *¿Cuál será* su respuesta?

3. Buscar el rostro de Dios

¿Qué significa esto? Significa "buscar su presencia". Así es como las palabras en hebreo para la frase "*buscar mi rostro*" se traducen en otras versiones. Estar en su presencia significa estar delante de él. Por ejemplo, cuando usted ha estado físicamente frente a una persona, puede decir que ha estado en presencia de ella y que ha podido verla cara a cara. Ahora bien, sabemos que a causa de nuestro pecado no podemos ver el rostro de Dios físicamente porque moriríamos. Entonces, ¿cómo podemos buscar su rostro o estar en su presencia? Le buscamos cuando afligimos nuestras almas por medio del ayuno (nos humillamos), le buscamos en oración y a través de su palabra (la Biblia). Estas son tres de las disciplinas espirituales que tenemos para buscar el rostro de Dios. Después de haber hecho esto, podemos decir que hemos estado en su presencia; y allí encontramos plenitud de vida, de paz, y de gozo (Salmos 16:11). Además, encontramos seguridad, dirección, consuelo, sanidad, etc. etc. en otras palabras, en la presencia de Dios está todo lo que necesitamos.

Dios nos insta a buscar su presencia cuando la hemos perdido o cuando hemos olvidado buscar su rostro. En la Biblia continuamente se exhorta al pueblo a buscar el rostro del Señor, esto sucede normalmente cuando el pueblo de Dios ha perdido y olvidado su origen, propósito y destino; y se ha entregado a la idolatría, a la maldad y al pecado. Cuando el pueblo de Dios abandona el ayuno, descuida la oración y quita la mirada de la Biblia, esto es, deja de leerla, el resultado o la consecuencia inevitable siempre será la depravación. Si observamos esto a la luz de la historia bíblica, encontraremos que es verdad. Todos, de alguna manera o de otra, sabemos lo que es buscar el rostro del Señor, porque hacerlo es algo sencillo y práctico. Buscamos su rostro cuando dejamos de afanarnos por las cosas que hacemos

---

5 A. W. Tozer, *La búsqueda de Dios*. The Moody Bible Institute of Chicago. Chicago, Illinois, 1977 (p. 7).

a diario y cuando nos dedicamos a buscar a Aquel que es Espíritu, al Dios real y verdadero. Por lo tanto, dejemos de afanarnos por lo material y busquemos con diligencia y perseverancia lo espiritual. Volvamos al ayuno, a la oración y a las Escrituras; es tiempo de buscar el rostro de Dios y su presencia. ¡Es tiempo, hagámoslo hoy!

4. Arrepentimiento y conversión (Abandono total del pecado)

Leamos los siguientes pasajes y veamos como Dios siempre ha estado llamando a su pueblo a volver a él, a la justicia y a la santidad:

1 Reyes 8:46-51

> "[46] *Si pecaren contra ti (porque no hay hombre que no peque), y estuvieres airado contra ellos, y los entregares delante del enemigo, para que los cautive y lleve a tierra enemiga, sea lejos o cerca,* [47] *y ellos volvieren en sí en la tierra donde fueren cautivos;* ***si se convirtieren, y oraren a ti en la tierra de los que los cautivaron, y dijeren: Pecamos, hemos hecho lo malo, hemos cometido impiedad;*** [48] ***y si se convirtieren a ti de todo su corazón y de toda su alma,*** *en la tierra de sus enemigos que los hubieren llevado cautivos,* ***y oraren a ti*** *con el rostro hacia su tierra que tú diste a sus padres, y hacia la ciudad que tú elegiste y la casa que yo he edificado a tu nombre,* [49] ***tú oirás en los cielos****, en el lugar de tu morada, su oración y su súplica, y les harás justicia.* [50] ***Y perdonarás a tu pueblo*** *que había pecado contra ti, y todas sus infracciones con que se hayan rebelado contra ti, y harás que tengan de ellos misericordia los que los hubieren llevado cautivos;* [51] *porque ellos son tu pueblo y tu heredad, el cual tú sacaste de Egipto, de en medio del horno de hierro".*

Isaías 1:10-20

> "[10] *Príncipes de Sodoma, oíd la palabra de Jehová; escuchad la ley de nuestro Dios, pueblo de Gomorra.* [11] *¿Para qué me sirve, dice Jehová, la multitud de vuestros sacrificios? Hastiado estoy de holocaustos de carneros y de sebo de animales gordos; no quiero sangre de bueyes, ni de ovejas, ni de machos cabríos.* [12] *¿Quién demanda esto de vuestras*

manos, cuando venís a presentaros delante de mí para hollar mis atrios? [13] No me traigáis más vana ofrenda; el incienso me es abominación; luna nueva y día de reposo, el convocar asambleas, no lo puedo sufrir; son iniquidad vuestras fiestas solemnes. [14] Vuestras lunas nuevas y vuestras fiestas solemnes las tiene aborrecidas mi alma; me son gravosas; cansado estoy de soportarlas. [15] Cuando extendáis vuestras manos, yo esconderé de vosotros mis ojos; asimismo cuando multipliquéis la oración, yo no oiré; llenas están de sangre vuestras manos. [16] ***Lavaos y limpiaos; quitad la iniquidad de vuestras obras de delante de mis ojos; dejad de hacer lo malo; [17] aprended a hacer el bien; buscad el juicio, restituid al agraviado, haced justicia al huérfano, amparad a la viuda. [18] Venid luego, dice Jehová, y estemos a cuenta: si vuestros pecados fueren como la grana, como la nieve serán emblanquecidos; si fueren rojos como el carmesí, vendrán a ser como blanca lana.*** *[19] Si quisiereis y oyereis, comeréis el bien de la tierra; [20] si no quisiereis y fuereis rebeldes, seréis consumidos a espada; porque la boca de Jehová lo ha dicho".*

Isaías 58:1-14

"[1] Clama a voz en cuello, no te detengas; alza tu voz como trompeta, y anuncia a mi pueblo su rebelión, y a la casa de Jacob su pecado. [2] Que me buscan cada día, y quieren saber mis caminos, como gente que hubiese hecho justicia, y que no hubiese dejado la ley de su Dios; me piden justos juicios, y quieren acercarse a Dios. [3] ¿Por qué, dicen, ayunamos, y no hiciste caso; humillamos nuestras almas, y no te diste por entendido? He aquí que en el día de vuestro ayuno buscáis vuestro propio gusto, y oprimís a todos vuestros trabajadores. [4] He aquí que para contiendas y debates ayunáis y para herir con el puño inicuamente; no ayunéis como hoy, para que vuestra voz sea oída en lo alto. [5] ¿Es tal el ayuno que yo escogí, que de día aflija el hombre su alma, que incline su cabeza como junco, y haga cama de cilicio y de ceniza? ¿Llamaréis esto ayuno, y día agradable a Jehová? [6] ¿No es

más bien el ayuno que yo escogí, desatar las ligaduras de impiedad, soltar las cargas de opresión, y dejar ir libres a los quebrantados, y que rompáis todo yugo? [7] *¿No es que partas tu pan con el hambriento, y a los pobres errantes albergues en casa; que cuando veas al desnudo, lo cubras, y no te escondas de tu hermano?* [8] Entonces ***nacerá tu luz como el alba, y tu salvación se dejará ver pronto; e irá tu justicia delante de ti, y la gloria de Jehová será tu retaguardia.*** [9] Entonces ***invocarás, y te oirá Jehová; clamarás, y dirá él: Heme aquí. Si quitares de en medio de ti el yugo, el dedo amenazador, y el hablar vanidad;*** [10] ***y si dieres tu pan al hambriento, y saciares al alma afligida, en las tinieblas nacerá tu luz, y tu oscuridad será como el mediodía.*** [11] ***Jehová te pastoreará siempre, y en las sequías saciará tu alma, y dará vigor a tus huesos; y serás como huerto de riego, y como manantial de aguas, cuyas aguas nunca faltan.*** [12] ***Y los tuyos edificarán las ruinas antiguas; los cimientos de generación y generación levantarás, y serás llamado reparador de portillos, restaurador de calzadas para habitar.*** [13] ***Si retrajeres del día de reposo tu pie, de hacer tu voluntad en mi día santo, y lo llamares delicia, santo, glorioso de Jehová; y lo venerares, no andando en tus propios caminos, ni buscando tu voluntad, ni hablando tus propias palabras,*** [14] entonces ***te deleitarás en Jehová; y yo te haré subir sobre las alturas de la tierra, y te daré a comer la heredad de Jacob tu padre; porque la boca de Jehová lo ha hablado***".

Joel 2:12-19

"[12] *Por eso pues, ahora, dice Jehová,* ***convertíos a mí*** *con todo vuestro corazón, con ayuno y lloro y lamento.* [13] ***Rasgad vuestro corazón, y no vuestros vestidos, y convertíos a Jehová vuestro Dios****; porque misericordioso es y clemente, tardo para la ira y grande en misericordia, y que se duele del castigo.* [14] *¿Quién sabe si volverá y se arrepentirá y dejará bendición tras de él, esto es, ofrenda y libación para Jehová vuestro Dios?* [15] *Tocad trompeta en Sion, proclamad* *ayuno, convocad asamblea. [16] Reunid al pueblo, santificad la reunión, juntad a los ancianos, congregad a los niños y a los que maman, salga de su cámara el novio, y de su tálamo la novia. [17] Entre la entrada y el altar lloren los sacerdotes ministros de Jehová, y digan: Perdona, oh Jehová, a tu pueblo, y no entregues al oprobio tu heredad, para que las naciones se enseñoreen de ella. ¿Por qué han de decir entre los pueblos: Dónde está su Dios? [18]* ***Y Jehová, solícito por su tierra, perdonará a su pueblo.*** *[19] Responderá Jehová, y dirá a su pueblo: He aquí yo os envío pan, mosto y aceite, y seréis saciados de ellos; y nunca más os pondré en oprobio entre las naciones".*

Mateo 3:1-2

"[1] En aquellos días vino Juan el Bautista predicando en el desierto de Judea, [2] y diciendo: ***Arrepentíos****, porque el reino de los cielos se ha acercado".*

Mateo 4:17

"Desde entonces comenzó Jesús a predicar, y a decir: ***Arrepentíos****, porque el reino de los cielos se ha acercado".*

Hechos 3:19

"Así que, ***arrepentíos y convertíos****, para que sean borrados vuestros pecados; para que vengan de la presencia del Señor tiempos de refrigerio,..."*

Apocalipsis 2:5

"Recuerda, por tanto, de dónde has caído, y ***arrepiéntete****, y haz las primeras obras; pues si no, vendré pronto a ti, y quitaré tu candelero de su lugar, si no te hubieres arrepentido".*

Apocalipsis 2:16

"Por tanto, ***arrepiéntete****; pues si no, vendré a ti pronto, y pelearé contra ellos con la espada de mi boca".*

Apocalipsis 2:21-22

> "[21] *Y le he dado tiempo para que se **arrepienta**, pero no quiere **arrepentirse** de su fornicación.* [22] *He aquí, yo la arrojo en cama, y en gran tribulación a los que con ella adulteran, si no se **arrepienten** de las obras de ella*".

Apocalipsis 3:3

> "*Acuérdate, pues, de lo que has recibido y oído; y guárdalo, y **arrepiéntete**. Pues si no velas, vendré sobre ti como ladrón, y no sabrás a qué hora vendré sobre ti*".

Apocalipsis 3:19

> "*Yo reprendo y castigo a todos los que amo; sé, pues, celoso, y **arrepiéntete***".

Podría seguir citando casi cada libro de la Biblia, pero creo que estos pasajes son suficientes para comprender el punto: necesitamos arrepentirnos porque hemos pecado en contra de Dios. Si él es el Dios que queremos agradar y con el cual queremos tener comunión, debemos vivir piadosamente, de lo contrario no llegaremos muy lejos porque él es santo y demanda santidad de su pueblo. ¿Dónde está la esperanza, la solución y la misericordia de Dios en todos estos pasajes? Está en que Dios siempre ha dejado la puerta abierta por si queremos volver, por si queremos regresar a él. Dios no nos condena inmediatamente ni nos cierra toda oportunidad de corregir nuestros caminos cuando nos alejamos de él. Promete restaurarnos, y nos restaura, cuando decidimos volver a él. ¿Acaso no es eso alentador? Claro que sí. Eso es esperanzador; en su misericordia y fidelidad infinitas, no nos desecha. Nos tiene paciencia mientras dura la vida. Esto que acabo de mencionar es importante. Mientras hay vida hay esperanza; aprovechemos el tiempo y la oportunidad que tenemos hoy. Después de la muerte no hay más esperanza. Porque: "...*está establecido*

Aprovechemos la oportunidad que Dios nos está dando, ahora que todavía hay tiempo.

para los hombres que mueran una sola vez, y después de esto el juicio..." (Hebreos 9:27). El tiempo de arrepentirse es hoy, no lo dejes para mañana. Como dice la Escritura: "*Si oyeres hoy su voz, no endurezcáis vuestros corazones*" (Hebreos 4:7).

¿Qué significa arrepentimiento? Simplemente es dar media vuelta, regresar o volverse del camino que llevamos. Arrepentimiento es cambiar de dirección. La señal de que una persona se ha arrepentido es que ha dejado de hacer lo que antes hacía, o de caminar por el camino que caminaba. No basta con decir que nos hemos arrepentido, si nuestros hechos no lo demuestran. La siguiente ilustración muestra de manera gráfica lo que el arrepentimiento significa.

Figura 1: Por Joyce Tacuba

Como puede ver en la figura, cuando el hombre camina en dirección opuesta a Dios, se aleja cada vez más de él. Camina de espaldas a Dios y su destino final será el infierno, junto con el diablo y sus demonios. Pero cuando hay arrepentimiento en el corazón del hombre, cambia de dirección y se vuelve hacia Dios; su destino final será el paraíso y la gloria de Dios, junto con todos los santos.

Proverbios 28:13 declara: "*El que encubre sus pecados no prosperará; mas el que los confiesa y se aparta alcanzará misericordia*".

La confesión de pecados no es suficiente, es necesario abandonarlos. La palabra que más resuena en todos los pasajes considerados anteriormente es *arrepentimiento*. Todos los profetas del AT, y todos los escritores del NT, comenzando desde Juan el Bautista, Pedro, Juan el apóstol, etc., dieron a la iglesia el mismo mensaje. Jesús pidió a cinco de las siete iglesias del Apocalipsis que se *arrepintieran*. Escuchó bien, cinco de siete. Se imagina a cuantas les mandaría el mismo mensaje hoy. Necesitamos arrepentimiento con urgencia.

En el ámbito espiritual, autores como Watchman Nee afirmaban que el significado original de "*metanoeo*", (palabra griega traducida como "arrepentimiento"), significa "*cambio de mente*" e implica un cambio de perspectiva respecto al pasado, y una evaluación general de muchas cosas hechas previamente[6], lo que conlleva a la comprensión de la culpa personal y al reconocimiento de haber hecho algo mal. En el mismo sentido, se suelen considerar la necesidad de un *cambio de conducta*, de actitud, de orientación y de dirección como indicios de un arrepentimiento verdadero.[7]

¿Qué quiere decir arrepentimiento verdadero? Significa que cuando una persona se arrepiente de su pecado, deja de cometer aquello de lo cual se ha arrepentido. Lamentablemente muchos se arrepienten el domingo mientras están en la congregación y el lunes vuelven a hacer aquello de lo cual se arrepintieron. Es decir, se arrepienten de haberse arrepentido, por eso vuelven al mismo lugar. El arrepentimiento es un giro de 180° no de 360°. Dar un giro de 360° nos deja en la misma dirección y nos conduce al mismo destino. El hombre es pecador y por ende está destinado al fracaso y, en última instancia, al infierno de fuego. Esa es la verdad, pero si queremos cambiar nuestro destino, debemos también cambiar de dirección. El arrepentimiento es como los expertos que están luchando contra el Coronavirus

6 https://es.wikipedia.org/wiki/Arrepentimiento (Watchman Nee (1997), "El evangelio de Dios", Living Stream Ministry, Diciembre 1).

7 Taber, Charles Russell; Eugene Albert Nida, (1986), *La traducción: teoría y práctica*, Ediciones Cristiandad, pág. 95.

ahora. Ellos hablan de la curva. La curva es el momento cuando el índice de contagios deja de subir y baja. La curva o la vuelta en "U" para nosotros, espiritualmente hablando, será el día que dejemos de seguir nuestros propios caminos y decidamos andar por los de Dios. Ese es el punto del retorno, eso es arrepentimiento.

Ha sido un error pensar que como iglesia estamos bien, cuando en verdad no hemos caminado en santidad ni dignamente como hijos de Dios. El error se sigue propagando en muchos lugares donde hoy solamente se predica del amor de Dios y no de la justicia y la santidad. Por ejemplo: hay iglesias de homosexuales que dicen (engañados por sus razonamientos) que son iglesias cristianas y que sirven y adoran a Dios. ¿Será eso posible? Piénselo a la luz de la palabra de Dios, ¿Será posible que el Dios santo que se revela en las Escrituras habite en medio de un pueblo de obras y labios inmundos? ¿Se agradará Dios de su servicio? Por supuesto que no; eso es absurdo. Ahora, es muy probable que alguien cite las palabras de Jesús a los fariseos en Mateo 9:12-13, que rezan de la siguiente manera:

> "[12] *Al oír esto Jesús, les dijo: Los sanos no tienen necesidad de médico, sino los enfermos.* [13] *Id, pues, y aprended lo que significa: Misericordia quiero, y no sacrificio.* ***Porque no he venido a llamar a justos, sino a pecadores, al arrepentimiento***".

Pues bien, qué bueno que citó este pasaje, porque aborda precisamente el punto del cual estamos tratando. Jesús es el médico y vino a sanar a los enfermos (del pecado). La función de un médico debe ser siempre sanar a los enfermos. Entonces, cuando un médico sana a una persona, ella deja de estar enferma o de lo contrario no habrá sido sanada. Con el pecado es lo mismo. Cuando Jesús llama a un pecador le dice, "arrepiéntete y deja de hacer el mal". Si se arrepiente de verdad, entonces deja el pecado que estaba cometiendo. Podemos decir entonces que ese hombre o esa mujer han sido sanados o liberados del pecado. En el contexto de este pasaje, Jesús llamó a Mateo. ¿Qué hizo Mateo cuando Jesús lo llamó? Dejó (abandonó) el banco de los tributos públicos. Imagínese que al día siguiente después de que Jesús lo llamó, Mateo hubiera regresado al trabajo que antes hacía, como si nada hubiera pasado, como si Jesús nunca lo hubiera llamado, ¿creería usted que se arrepintió de verdad? ¿Podría seguir a Jesús quedándose y haciendo lo mismo que antes hacía? La respuesta es no. Arrepentirse significa dejar atrás el pecado.

El punto es que Dios nos ama a todos por igual. No hay ninguna diferencia entre unos y otros porque como dijimos, todos somos pecadores y Dios sabe muy bien eso (Dios no hace acepción de personas). Es decir, Dios ama igual, con el mismo amor, a las lesbianas, a los homosexuales, a los ladrones, a los mentirosos, a los hipócritas, a los adúlteros, a los fornicarios, etc., etc., por eso nos llama a todos al mismo arrepentimiento, a dejar lo que antes éramos y hacíamos. Si en verdad lo hemos escuchado y lo estamos siguiendo, entonces debemos cambiar nuestra manera de vivir. Es un engaño pretender ser cristiano y que en su vida no haya cambiado nada de lo que antes era y hacía, eso no es posible. Cuando la verdad de Dios llega al corazón del hombre pecador y este la recibe, la palabra limpia y transforma. No nos deja igual. ¿Cuál sería el sentido si Jesús nos llamara al arrepentimiento y luego nos dejara seguir en nuestras obras antiguas? ¿Para qué arrepentirnos?

¿Por qué debemos arrepentirnos? (Jonás 3; Joel 1-3)

El llamado de Dios al arrepentimiento es un llamado de gracia y misericordia suya para con nosotros. Sin arrepentimiento no habrá avivamiento. Antes del avivamiento tiene que haber arrepentimiento. Es decir, necesitamos reconocer nuestros pecados y maldades y abandonarlos por completo para que venga sanidad y restauración a nuestra alma, cuerpo, familia, iglesia, ciudad y nación.

El libro del profeta Jonás es un claro ejemplo de esto. En Jonás capítulo 3 la ciudad entera se arrepintió, desde el rey hasta el plebeyo más bajo, y aun los animales ayunaron y se humillaron ante Dios. ¿Cuál fue el mensaje de Dios enviado por Jonás a los ninivitas? ¡Juicio! Jonás simplemente atravesó la ciudad diciendo: "*De aquí a cuarenta días Nínive será destruida*". Dios les dijo, viene juicio y destrucción para toda la ciudad. ¿Qué hicieron los ninivitas? ¿Cuál fue su reacción ante ese mensaje? ¡Creyeron! Ellos no cuestionaron, ni se justificaron, sólo creyeron y se arrepintieron. ¿Cómo sabemos que creyeron?, por sus actos. Su fe (el creer) fue acompañada por sus obras (acciones). Lo que hicieron fue señal o prueba de que habían creído el mensaje que oyeron. Leamos Jonás 3:7-10:

> "[7] *E hizo proclamar y anunciar en Nínive, por mandato del rey y de sus grandes, diciendo:* ***Hombres y animales, bueyes y ovejas, no gusten cosa alguna; no se les dé alimento, ni beban agua;*** [8] ***sino cúbranse de cilicio hombres y animales, y clamen a Dios fuertemente; y conviértase cada uno de su mal camino, de la rapiña que hay en sus manos.*** [9] *¿Quién sabe si se volverá y se arrepentirá Dios, y se apartará del ardor de su ira, y no pereceremos?* [10] *Y vio Dios lo que hicieron, que se convirtieron de su mal camino; y se arrepintió del mal que había dicho que les haría, y no lo hizo*".

Eso es verdadero arrepentimiento. ¿No es eso fascinante?

La predicación fiel de la Palabra de Dios es fundamental para el avivamiento. La sana doctrina es una necesidad en la iglesia del Dios vivo. Es necesario entender antes de cambiar. Sin entendimiento en las mentes, no habrá cambios en los corazones. A pesar de que hay mucha predicación hoy día en todos los medios sociales, lo cierto es que no toda predicación es bíblica y fiel al texto. Muchos usan la Palabra de Dios para decir lo que ellos quieren decir y no lo que Dios dice; y ese es un grave problema. Como dice David Helm, muchos predicadores usan la predicación ebria: "Algunos predicadores usan la Biblia de la manera que un borracho usa una farola... más para apoyo que para iluminación".[8]

Hoy no se está predicando la Palabra de Dios fielmente, sólo se está entreteniendo a la gente. Necesitamos volver a las Escrituras, a la predicación bíblica, a la predicación expositiva si ha de haber un volver a Dios.

---

8 David Helm, *La predicación expositiva*. 9Marks. Washington, D. C. 2014 (p. 28).

El punto es: *Querer vivir la vida cristiana sin la santidad requerida es una imposibilidad.* Si en la iglesia hay pecado, la iglesia necesita arrepentirse y abandonar por completo su pecado, y volverse a Dios. Vivir la vida cristiana no es fácil ni es automático, y no sucede por casualidad. No, no es fácil amar, olvidar, perdonar, obedecer a Dios, etc., etc., no es fácil ni es automático. No sucede automáticamente sólo porque usted ya es cristiano (muchos cristianos aún no han perdonado al ofensor y siguen odiando). Usted decide hacerlo o nunca sucederá (es un acto de su voluntad). Cuesta porque nuestro ego y nuestra carne se resisten a la voluntad de Dios.

¿Qué sucederá si no nos arrepentimos?
Una sola cosa sucederá si no nos arrepentimos, juicio de Dios caerá sobre nosotros y no escaparemos, hasta que en nuestra miseria y sufrimiento clamemos a Jehová, como solía hacer Israel. Aprovechemos la oportunidad que Dios nos está dando, ahora que todavía hay tiempo. A estas alturas no debemos ignorar que todo lo que Dios ha dicho se cumple, sea para bien o para mal. Cuando Dios dijo que los bendeciría si obedecían, los bendecía, pero de igual forma, cuando Dios dijo que los maldeciría si le desobedecían, también lo hizo. Dios no juega. Dejemos de jugar nosotros y seamos serios en nuestra devoción a él.

Le recomiendo que escuche la letra del canto "*Mi Iglesia*" de René González[9] el cual habla de la iglesia que Cristo quiere y que desea usar en este tiempo.

Ahora pasemos a lo que Dios hará si nosotros hacemos nuestra parte:

5. *Oirá nuestras oraciones*
Cuando la Escritura dice que Dios oirá nuestras oraciones sólo hasta después que nos hayamos humillado, que hayamos orado y que hayamos buscado su rostro, no es porque no las haya escuchado antes, sino porque decidió no oír nada de lo que le pedíamos

---

9 *Mi Iglesia*, René González. Link: https://youtu.be/5dye4DesdNI.

en oración, a causa de nuestra maldad y necedad. Dios es un Dios vivo y siempre nos escucha, pero cuando nosotros no le oímos y endurecemos nuestro corazón contra él, entonces también se niega a escucharnos y por ende a respondernos. Isaías 59:1-2 declara: "[1] *He aquí que no se ha acortado la mano de Jehová para salvar,* ***ni se ha agravado su oído para oír; [2] pero vuestras iniquidades han hecho división entre vosotros y vuestro Dios, y vuestros pecados han hecho ocultar de vosotros su rostro para no oír***".

El texto es sumamente claro. Dios espera que abandonemos nuestros pecados para que él pueda oírnos, respondernos y concedernos aquello que le pedimos. Dios mismo lo promete: "...*yo oiré desde los cielos, y perdonaré sus pecados, y sanaré su tierra*" (2 Crónicas 7:14b).

6. Perdonará nuestros pecados

No hay nada más dulce en la vida que cuando recibimos el perdón de nuestros pecados y volvemos a la comunión con Dios. Nuestro corazón y nuestra alma descansan, y sentimos como si nos hubiesen quitado una carga muy pesada de encima. Esa fue la experiencia personal del salmista David. El describió para nosotros la sensación que experimentó cuando confesó su pecado y Dios lo perdonó. En el Salmo 32 David escribió lo siguiente:

> "[1] ***Bienaventurado aquel cuya transgresión ha sido perdonada, y cubierto su pecado. [2] Bienaventurado el hombre a quien Jehová no culpa de iniquidad, Y en cuyo espíritu no hay engaño.*** [3] *Mientras callé, se envejecieron mis huesos En mi gemir todo el día.* [4] *Porque de día y de noche se agravó sobre mí tu mano; Se volvió mi verdor en sequedades de verano.* [5] ***Mi pecado te declaré, y no encubrí mi iniquidad. Dije: Confesaré mis transgresiones a Jehová; Y tú perdonaste la maldad de mi pecado.*** [6] *Por esto orará a ti todo santo en el tiempo en que puedas ser hallado; Ciertamente en la inundación de muchas aguas no llegarán éstas a él*" (Salmo 32:1-6).

La Biblia declara que el único que tiene poder para perdonar pecados es Dios (Lucas 5:21). Así es, el Señor promete perdonarnos sin reservas y sin reproches, si nos arrepentimos y le buscamos de todo corazón. No hay pecado que Dios no pueda perdonar, excepto la blasfemia contra el Espíritu Santo, que es el pecado imperdonable (Lucas 11:14-23, 12:10). Pero fuera de eso, no hay límites para el perdón que Dios nos ofrece. Entonces, ¿Qué esperamos? ¡Busquemos su perdón, ya!

7. Sanará nuestra tierra

Cuando el hombre peca contra Dios, la tierra literalmente es maldecida. Es decir, él cierra los cielos y los hace como bronce para que no den lluvia. Él envía plagas a los hombres, a los animales domésticos, a los árboles y a toda planta comestible, etc., etc. Dios maldijo la tierra por primera vez por causa del pecado de Adán (Genesis 3:17), y la maldecirá por nuestros pecados y por los de cada generación (1 Reyes 8:12-66). Recuerde que en Deuteronomio 28 se mencionan todas las maldiciones que Dios enviaría a la tierra por causa de nuestro pecado y desobediencia. Así es, Dios dijo que maldeciría la tierra por nuestra culpa y lo hizo. Esta es la razón por lo cual en la tierra no habrá verdadera paz ni prosperidad, sino hasta que el hombre sea reconciliado con Dios, por medio de la fe en Cristo Jesús. Los hombres necesitamos sanidad y la tierra también. La única solución es volver nuestro corazón a Dios. ¡Volvamos ya!

Esto, y mucho más, es lo que Dios hará cuando vea nuestro sincero arrepentimiento. En la Biblia tenemos muchos ejemplos tanto personales como colectivos: Sansón (Jueces 16:28), Acab (1 Reyes 21:27-29), Nínive (Jonás 3:1-10), etc. Esto es esperanzador como dije anteriormente. Dios no espera que todo el mundo se arrepienta de una vez (eso sería fabuloso y es su deseo, pero él conoce la dureza del corazón del hombre). Jesús dijo que hay gozo en el cielo por un pecador que se arrepiente... (Lucas 15:7, 10). Podemos y debemos arrepentirnos individualmente; el Señor no rechaza a nadie que le busca. ¡Busquémosle, ya!

Entonces, una vez que nosotros hayamos hecho nuestra parte, y Dios la suya, también traerá estas bendiciones a nuestras familias y congregaciones: habrá unidad, poder, autoridad, salvación, etc etc. Veamos esto con más detalle:

Unidad

La unidad atrae la atención de Dios, eso es un hecho. Dios desciende para bendecir o para confundir los propósitos de los hombres. Todo depende de qué es lo que nos proponemos cuando nos unimos. Si nos unimos para el bien, Dios nos bendecirá (Salmos 133), si nos unimos para el mal, Dios nos confundirá y dispersará (Génesis 11). No importa si somos pocos o muchos, pero si nos unimos en un mismo sentir, en un mismo espíritu y en un mismo propósito, Dios nos bendecirá. El Señor descenderá y se quedará con nosotros. Eso es lo que toda la iglesia queremos o deberíamos querer. Eso es lo que la iglesia hizo en el principio. Una de las características distintivas de la iglesia primitiva era la *unidad*. Dios hace y hará cosas poderosas con una iglesia unida. En los primeros capítulos del libro de Hechos, la palabra que se repite es la unidad. Todos estos pasajes hablan de la unidad, armonía y buen ánimo que existía entre los creyentes, a pesar de las dificultades y la oposición que enfrentaban (Hechos 1:14; 2:1, 44-47; 4:24, 32; 5:12). No fue por casualidad que Dios añadiera a la iglesia los que habían de ser salvos. Dios lo hizo porque su pueblo estaba listo para la cosecha y viviendo como él quería que vivieran. La unidad de la iglesia es el ambiente perfecto para que Dios envíe crecimiento numérico. Primero debemos crecer espiritualmente en el conocimiento de la verdad y en unidad, y luego, en número. Imagínese que Dios enviara miles a su iglesia ahora. Si su iglesia no está preparada para recibir y atender correctamente a esos nuevos convertidos, ¿qué sucederá? Se perderán por falta de atención y cuidados. Dios necesita creyentes maduros para atender a nuevos creyentes. La iglesia, entonces, estaba lista para el crecimiento.

Había unidad en espíritu y en propósito. Trabajaban todos por la misma causa. Había unidad de manera práctica. Nadie decía ser suyo lo que tenía, sino que estaban dispuestos a compartir para las necesidades de los demás. ¿Por qué hacían todo esto? Porque ellos entendían que todo lo que tenían no era suyo sino

> El arrepentimiento es un giro de 180° no de 360°.

de Dios y vivían libres de egoísmo. Además, ellos creían que la venida del Señor era inminente, es decir, podría suceder en cualquier momento. No se preocupaban por hacerse más ricos, más famosos o más poderosos. Ellos vivían creyendo que todo esto terminaría en cualquier momento. Tenían claro en su mente y no dudaban que Cristo regresaría pronto y debían estar preparados, viviendo dignamente como sus hijos.

A la iglesia primitiva se le enseñó, y ella creyó, que Dios es uno, que la iglesia es una, que la iglesia somos todos los creyentes en Cristo y que la iglesia le pertenece a él. Es entonces cuando se da la unidad. No es lo mismo estar juntos que estar unidos. Muchos podrán decir hoy que la iglesia está unida, pero no es verdad. Puede ser que la iglesia esté junta, pero no unida. Es decir, podemos reunir un grupo de congregaciones en un mismo lugar y participar de un evento, pero nada más, hasta ahí llegó. Cuando cada uno regresa a su lugar, cada quien sigue su propio camino, buscando y haciendo las cosas a su manera. Unidad en la iglesia es cuando nos comprometemos a hacer y buscar las mismas cosas, a sacrificarnos el uno por el otro y a trabajar juntos, a pesar de nuestras diferencias, por el bien de todos. Les comparto la siguiente anécdota que nos ayudará a comprender la importancia de la unidad y la futilidad de pelearnos o dividirnos por nuestras diferencias. Esto lo leí hace mucho tiempo en el internet, y desconozco el autor, de todos modos, le doy crédito a quien pertenezca. Dice así:

Asamblea en la carpintería

> Cuentan que en la carpintería hubo una vez una extraña asamblea. Fue una reunión de herramientas para arreglar sus diferencias.
>
> El martillo ejerció la presidencia, pero la asamblea le notificó que tenía que renunciar. ¿La razón? ¡Hacía demasiado ruido! Y, además, se pasaba el tiempo golpeando.

El martillo aceptó su culpa, pero pidió que también fuera expulsado el tornillo; dijo que había que darle muchas vueltas para que sirviera de algo.

Ante el ataque, el tornillo aceptó también, pero a su vez pidió la expulsión de la lija. Hizo ver que era muy áspera en su trato y siempre tenía fricciones con los demás.

Y la lija estuvo de acuerdo, a condición de que fuera expulsado el metro que siempre se la pasaba midiendo a los demás según su medida, como si fuera el único perfecto.

El metro también dijo que el serrucho era inadecuado para el puesto ya que se pasaba todo el tiempo cortando a los demás.

En eso entró el carpintero, se puso el delantal e inició su trabajo. Utilizó el martillo, la lija, el metro y el serrucho, el clavo y el tornillo. Finalmente, la tosca madera inicial se convirtió en un fino mueble.

Cuando la carpintería quedó nuevamente sola, la asamblea reanudó la deliberación. Fue entonces cuando tomó la palabra el serrucho, y dijo: "Señores, ha quedado demostrado que tenemos defectos, pero el carpintero trabaja con nuestras cualidades. Eso es lo que nos hace valiosos. Así que no pensemos ya en nuestros puntos malos y concentrémonos en la utilidad de nuestros puntos buenos".

La asamblea encontró entonces que el martillo era fuerte, el tornillo y el clavo unían y daban fuerza, la lija era especial para afinar y limar asperezas, el serrucho era bueno para cortar los excesos, y observaron que el metro era preciso y exacto.

Se sintieron entonces instrumentos útiles en las manos del carpintero y un equipo capaz de producir lo que el carpintero quería hacer.

Se sintieron orgullosos de sus fortalezas y de trabajar juntos.

Hermosa ilustración, ¿no cree? Sería más hermoso si lo comprendiéramos, y más aún, si lo hiciéramos realidad en nuestras congregaciones. Para poder mantener la unidad entre nosotros, necesitamos renunciar al espíritu de crítica, murmuración, celos y egocentrismo que está muy arraigado en nosotros. Busquemos la unidad y dejemos a un lado todas aquellas pequeñeces que nos han dividido. Con esto no estoy abogando por el sincretismo o ecumenismo religioso como muchos están promoviendo recientemente, no. Siempre debe haber una diferencia y una separación entre la iglesia del Dios vivo y las falsas doctrinas, aquellas que son contrarias a lo que la palabra de Dios enseña. Por lo que estoy abogando, o lo que estoy promoviendo aquí, es la unidad esencial *en espíritu y en verdad*, tal y cual lo enseñan las Escrituras. Efesios 4:1-16 describe perfectamente la unidad a la cual el Señor nos llama:

> "[1] *Yo pues, preso en el Señor, os ruego que andéis como es digno de la vocación con que fuisteis llamados,* [2] *con toda humildad y mansedumbre, soportándoos con paciencia los unos a los otros en amor,* [3] ***solícitos en guardar la unidad del Espíritu en el vínculo de la paz;*** [4] ***un cuerpo, y un Espíritu, como fuisteis también llamados en una misma esperanza de vuestra vocación;*** [5] ***un Señor, una fe, un bautismo,*** [6] ***un Dios y Padre de todos, el cual es sobre todos, y por todos, y en todos.*** [7] *Pero a cada uno de nosotros fue dada la gracia conforme a la medida del don de Cristo.* [8] *Por lo cual dice: Subiendo a lo alto, llevó cautiva la cautividad, Y dio dones a los hombres.* [9] *Y eso de que subió, ¿qué es, sino que también había descendido primero a las partes más bajas de la tierra?* [10] *El que descendió, es el mismo que también subió por encima de todos los cielos para llenarlo todo.* [11] *Y él mismo constituyó a unos, apóstoles; a otros, profetas; a otros, evangelistas; a otros, pastores y maestros,* [12] *a fin de perfeccionar a los santos para la obra del ministerio, para la edificación del cuerpo de Cristo,* [13] *hasta que todos lleguemos a la unidad de la fe y del conocimiento del Hijo de Dios, a un varón perfecto, a la medida de la estatura de la plenitud de*

Cristo; [14]para que ya no seamos niños fluctuantes, llevados por doquiera de todo viento de doctrina, por estratagema de hombres que para engañar emplean con astucia las artimañas del error, [15]sino que siguiendo la verdad en amor, crezcamos en todo en aquel que es la cabeza, esto es, Cristo, [16]de quien todo el cuerpo, bien concertado y unido entre sí por todas las coyunturas que se ayudan mutuamente, según la actividad propia de cada miembro, recibe su crecimiento para ir edificándose en amor".

Jesús oró por sus discípulos para que fueran y se mantuvieran unidos (Juan 17:1-26). Si Dios quiere que seamos uno, debemos también nosotros desear lo mismo ¿o no?

Poder y autoridad

Antes de ir a la cruz, Jesús prometió a sus discípulos que les enviaría el Espíritu Santo, el Consolador. Días después de resucitar y antes de ascender al cielo, les volvió a recordar y les pidió que no salieran de Jerusalén y enfatizó sobre la importancia del poder del Espíritu Santo que estaban a punto de recibir. En Hechos 1:8, dijo: "*pero **recibiréis poder**, cuando haya venido sobre vosotros el Espíritu Santo, **y me seréis testigos** en Jerusalén, en toda Judea, en Samaria, y hasta lo último de la tierra*".

El poder que Jesús dijo que recibirían vino con el fin de que fueran sus testigos e hicieran la obra que les había encomendado. Lo necesitarían y tendrían que esperar, pero no tuvieron que esperar mucho tiempo. Según el relato de Hechos, el Espíritu descendió sobre la iglesia en el día de Pentecostés, tal y como Jesús lo había dicho. Fueron todos llenos del Espíritu Santo y fueron empoderados. De esa manera los apóstoles y los discípulos pudieron salir confiadamente y decir con denuedo: "*en el nombre de Jesucristo de Nazaret, levántate y anda*" (Hechos 3:6). "[19]*Así que, arrepentíos y convertíos, para que sean borrados vuestros pecados; para que vengan de la presencia del Señor tiempos de refrigerio, [20]y él envíe a Jesucristo, que os fue antes anunciado*" (Hechos 3:19-20). "[11] *Este Jesús es la piedra reprobada por vosotros los edificadores, la cual ha venido a ser cabeza del ángulo. [12]Y*

"El fuego de Dios sólo cae sobre los sacrificios; un altar vacío no recibe fuego."

La Fe Apostólica, Octubre 1906

en ningún otro hay salvación; porque no hay otro nombre bajo el cielo, dado a los hombres, en que podamos ser salvos" (Hechos 4:11-12). "*Respondiendo Pedro y los apóstoles, dijeron: Es necesario obedecer a Dios antes que a los hombres*" (Hechos 5:29). "[41] *Y ellos salieron de la presencia del concilio, gozosos de haber sido tenidos por dignos de padecer afrenta por causa del Nombre.* [42] *Y todos los días, en el templo y por las casas, no cesaban de enseñar y predicar a Jesucristo*" (Hechos 5:41-42).

El poder que recibieron no fue para fanfarronear, fue para testificar y glorificar a Dios. Todo lo que los discípulos hicieron y dijeron fue porque estaban llenos del poder del Espíritu Santo; y si nosotros hemos de hacer y decir lo mismo que ellos, necesitamos el mismo poder. Esa es la única manera en que la iglesia podrá cumplir su misión. Pidamos al Señor que lo envíe una vez más como al principio para que su nombre sea glorificado como ayer.

Ahora bien, ¿Cuál fue la clave para que el Espíritu Santo viniera sobre los creyentes? Primero, sabemos que era una promesa del Señor y que él la cumpliría. Esa promesa está vigente para la iglesia de hoy y de todos los tiempos. Jesús les pidió que no se fueran y que esperasen a que la promesa se cumpliera. Hechos declara que todos los creyentes "*perseveraban unánimes en oración y ruego*". Permanecieron *juntos y unidos en espíritu y propósito*. Esa fue la clave. Los creyentes obedecieron y siguieron las instrucciones dadas por nuestro Señor. Unámonos y perseveremos en oración como una sola iglesia (hablemos, busquemos lo mismo). El Señor derramará su Espíritu sobre su iglesia una vez más; es su promesa y él lo hará. En el punto anterior vimos que Dios prometió restauración completa a su pueblo, después que este se arrepintiera y se volviera de su pecado. Cuando Dios vea la humillación y el arrepentimiento sincero de su pueblo, "*el Señor **solícito** responderá y restituirá*" (Joel 2:18, 25). Dios está dispuesto a hacer lo que nos ha prometido que hará si nos volvemos a él. No importa los años que hayan pasado, ni que tan lejos nos hayamos apartado; lo que importa es que volvamos a él desde dondequiera que nos encontremos, y él hará su parte sin ninguna demora ni impedimento. No hay nada ni nadie que pueda detener el poder de Dios cuando este se manifieste en medio de su pueblo. Las puertas del Hades no prevalecerán contra su iglesia cuando sea empoderada por Su Espíritu.

Salvación

"*Yo, yo Jehová, y fuera de mí no hay quien salve*" (Isaías 43:11). "*¿Quién puede perdonar y salvar sino sólo Dios?*" (Marcos 2:7). Es algo que resuena en toda la Biblia: ¡Sólo Dios puede salvar! Nosotros sólo cooperamos con el Señor cuando nos mantenemos fieles y predicamos su Evangelio. El amor del Señor es tan grande que ha provisto el Cordero para expiar los pecados de la humanidad. Esto es algo que indiscutiblemente Dios desea hacer y hará: enviará salvación a la tierra cuando su pueblo camine en justicia y santidad. El Señor no desea que ninguno perezca, sino que todos procedan al arrepentimiento (2 Pedro 3:9).

Las personas están buscando o quieren ver testimonios reales, de hombres y mujeres reales, que no se acobardan y que no se rinden ante las ofertas del enemigo. Hombres y mujeres santos que soportan la tentación y la prueba y que dan testimonio del poder de Dios. Esto es algo que he comprendido en mi caminar con Dios: la santidad es el único camino a la verdadera felicidad. Por lo tanto, la santidad debe ser atractiva. Un hombre santo o una mujer santa debe atraer a otros, no alejarlos. Un hombre que es santo vive en paz, vive gozoso, vive contento; es bienaventurado y dichoso. Eso es lo que los hombres de todos los tiempos y de todo el mundo han estado y están buscando. ¿No es esto cierto? Entonces, querrán saber cuál es el secreto de vivir llenos de esperanza cuando parece no haber ninguna. Eso es lo que sucedió en el libro de Hechos, ya lo mencionamos. Dios añadió (abrió la puerta de la salvación) a aquellos que habían de ser salvos (Hechos 2:47). Las personas necesitan salvación, ¡necesitan a Dios! Por lo tanto, la humanidad precisa una iglesia que se aparte del pecado para vivir de manera diferente en pureza y santidad.

Como dijo San Francisco de Asís: *"Predica el evangelio en todo momento, y cuando sea necesario, usa palabras"*.[10] Así que, la mejor manera de predicar el Evangelio y el método más fácil es: ¡predicar con nuestra vida! De esa manera, los demás podrán encontrar la salvación en Dios. ¡Qué nuestras vidas sean un modelo y un ejemplo de cómo vivir en comunión con Dios y en completa paz! Hagamos que los demás deseen la manera en que vivimos, que quieran ser como nosotros. Hagamos que el Evangelio sea irresistible y que los hombres quieran acercarse a Dios.

Lo que la iglesia necesita

El 19 de junio del año 2021, varios pastores y líderes asistimos a una orientación para un Diplomado en línea sobre Ministerio y Liderazgo que está ofreciendo una universidad local en California. *¿Cómo está tu iglesia actualmente? ¿Cómo podemos ayudar a los pastores y líderes hispanos?* Estas son dos de las diez preguntas que nos hicieron como sondeo para ver de qué manera la universidad pudiera ser más efectiva en apoyar a los pastores y líderes hispanos. Las respuestas fueron variadas. Algunos decían que como iglesia hispana necesitamos más apoyo, ya que por nuestra condición de inmigrantes tenemos ciertas desventajas. Otra respuesta fue que necesitamos aprender a predicar expositivamente. La opinión de otros fue que necesitamos más capacitación, clases y recursos, tales como libros y seminarios en nuestro idioma y a bajo costo, accesibles para todos. No respondí a ninguna de las preguntas, sólo medité en lo que había sucedido mientras regresaba a casa. Pensé en las preguntas, recordé las respuestas que se dieron y medité en todo lo que sucedió ese día. Mi reflexión me llevó a la conclusión de que somos muy rápidos para responder y no seguimos el consejo de la Biblia (Santiago 1:19). Es por eso que muchas veces no llegamos a la raíz de nuestros verdaderos problemas y sólo los tratamos superficialmente. Recientemente

---

10 https://psicologiaymente.com/reflexiones/frases-san-francisco-de-asis

he estado enseñando el libro de Éxodo y he dedicado un tiempo para estudiar la vida de Moisés como líder y creo que necesitamos aprender mucho de él. Especialmente en esto: necesitamos aprender a escuchar, a meditar y a esperar en Dios en aquello que no sabemos. En varias ocasiones el pueblo de Israel trajo a Moisés asuntos difíciles que nunca antes había tratado y él no tenía la respuesta en el momento. ¿Qué hizo Moisés? Se negó a responder apresuradamente. Decidió consultar a Dios para ver cuál era su voluntad y qué era lo que él decía al respecto (Números 9:7-14; 15:32-36; 27:1-11). Con esto no pretendo ser más espiritual o mejor que cualquier otro pastor, simplemente no respondí nada aquel día, callé y medité.

Mientras manejaba de regreso a casa, me pregunte ¿Qué respondería Dios sobre el tema si le preguntáramos? Así que le pregunté: ¿Qué es lo que tu iglesia necesita? Tú sabes perfectamente qué es lo que en verdad necesita tu iglesia en este momento de la historia. Dínoslo, háblanos, déjanos oír tu voz una vez más, háznoslo saber. No tuve que esperar mucho tiempo. La voz de Dios vino silenciosa, como casi siempre, dentro de mí. Me dijo: "*Lo que mi iglesia necesita es volver a mí porque se han alejado y me han ignorado cuando les he hablado*". No creo que esta respuesta sorprenda a nadie que reconoce que la iglesia no está bien. La iglesia cristiana protestante en general (no sólo la hispana), nos hemos alejado de Dios y hemos ignorado su voz. Por lo tanto, lo que la iglesia cristiana necesita es una reforma espiritual, estructural y doctrinal. Necesitamos volver a los principios y fundamentos, y a perseverar en la doctrina de los Apóstoles (Hechos 2:42).

La necesidad urgente de la iglesia hoy no son más cursos gratis, talleres, capacitación, métodos, estrategias, ni aprender a predicar expositivamente. Ya sabemos demasiado, o al menos lo suficiente, como para ser efectivos en el ministerio. El problema es que somos perezosos y negligentes, y no ponemos en práctica lo que ya sabemos. ¡Aceptémoslo y enfrentémoslo! Basta ya de caretas, basta ya de buscar excusas y pretextos, y basta ya de disfrazar el verdadero problema. ¡Basta de cobardía! Lo que los pastores necesitamos es aprender a temer y a amar a Dios con todo el corazón; y entonces, el Señor derramará la unción de su Espíritu Santo sobre nuestras vidas, familias y ministerios. Eso, mis queridos hermanos, ninguna escuela o institución lo puede dar, sólo Dios. Viene cuando aprendemos a buscar su rostro a través de su Palabra, en oración, en ayuno, en lamento y en lloro, en el cuarto secreto de la intimidad con Dios como vimos anteriormente. Pero la verdad es que somos perezosos para orar y meditar en la palabra de Dios con perseverancia, nos cuesta afligir nuestra carne con ayuno. Somos negligentes aun cuando el Señor nos ha advertido que debemos evitar estos peligros. La iglesia necesita oír lo que Dios está hablando y decirlo con denuedo del Espíritu Santo. Lo que la iglesia necesita es oír la voz de Dios, clara y con autoridad. Pero ¿cómo podremos escuchar a Dios cuando estamos tan ocupados y afanados por la vida? ¿Cómo podemos escuchar la voz suave de Dios con tanto ruido en nuestra cabeza? ¿Cómo Dios nos hablará si siempre andamos muy aprisa? No necesitamos más y mejores métodos, ni estrategias modernas para hacer crecer la iglesia (eso es esfuerzo humano). Lo que la iglesia necesita, empezando por nosotros los pastores y líderes, es abandonar nuestro pecado y buscar a Dios con todo el corazón, con humildad y con perseverancia hasta que lo encontremos. ¿Cuándo cambiarán las cosas?, cuando aceptemos la responsabilidad del llamado de Dios al ministerio y seamos diligentes en lo que tenemos que hacer (Hechos 6:1-7).

Tenemos que decidir buscar a Dios de corazón (Malaquías 2:2), pero primero necesitamos reconocer que él es nuestra más grande y urgente necesidad. Pastores, dejemos de jugar con el ministerio y dejemos de buscar el estrellato y el protagonismo en las redes sociales o dentro del grupo al cual pertenecemos. Acaso no hemos leído lo que Jesús dijo: "*el que quiera ser el primero, sea el que sirve a los demás*". ¿No entendemos lo que eso significa? ¿Necesita ser explicado? No, por supuesto que no, lo entendemos perfectamente. El problema es que queremos hacer las cosas

> "Todos quieren vivir un avivamiento, pero no todos están dispuestos a morir a sí mismos para obtenerlo".
>
> *La Fe Apostólica, Octubre 1906*

a nuestra manera y como el mundo nos ha enseñado. Por eso hemos hecho nula la palabra de Dios. ¿De dónde es que hemos aprendido la manera de vestir, de hablar y de comportarnos? ¿Acaso no es del mundo? El apóstol Santiago escribió:

> "[1] *¿De dónde vienen las guerras y los pleitos entre vosotros? ¿No es de vuestras pasiones, las cuales combaten en vuestros miembros?* [2] *Codiciáis, y no tenéis; matáis y ardéis de envidia, y no podéis alcanzar; combatís y lucháis, pero no tenéis lo que deseáis, porque no pedís.* [3] *Pedís, y no recibís, porque pedís mal, para gastar en vuestros deleites.* [4] *!!Oh almas adúlteras! ¿No sabéis que la amistad del mundo es enemistad contra Dios? Cualquiera, pues, que quiera ser amigo del mundo, se constituye enemigo de Dios.* [5] *¿O pensáis que la Escritura dice en vano: El Espíritu que él ha hecho morar en nosotros nos anhela celosamente?* [6] *Pero él da mayor gracia. Por esto dice: Dios resiste a los soberbios, y da gracia a los humildes*" (Santiago 4:1-6).

Insisto la necesidad urgente de la iglesia hoy es obediencia a Dios y sometimiento a su voluntad. La iglesia no es una organización establecida por hombre alguno; es un organismo vivo establecido por Dios. Lo que necesitamos, es vivir en justicia tal y como nuestro Dios nos lo demanda. Deuteronomio nos da un recordatorio sobre como lograremos vivir en justicia: "***Y tendremos justicia cuando cuidemos de poner por obra todos estos mandamientos delante de Jehová nuestro Dios, como él nos ha mandado***" (Deuteronomio 6:25).

No quiero que me mal entienda. No estoy diciendo que la escuela o la academia no sea necesaria o útil para la iglesia, no. Sé que la academia, el estudio y la preparación son importantes para el ministerio, pero no lo es todo. Hay muchos que tienen grados académicos, pero aun así la iglesia sigue careciendo de lideres. La iglesia está carente de hombres y mujeres de verdad y de valor que no se doblegan ni se postran ante los sistemas y las modas del mundo. Los hogares carecen de liderazgo y la iglesia también; esa es la razón por qué la sociedad está como está. ¿Dónde se encuentra un verdadero líder, uno que sea humilde, sabio y sencillo? La iglesia y el mundo están buscando un líder que enseñe el camino por el cual debemos caminar; que sea ejemplo de entrega, sumisión y obediencia a los preceptos de Dios. Hace falta alguien así, un líder que no sea egoísta y que no busque su propia gloria sino la del Padre, como Jesús. Un líder que no se deje deslumbrar por el brillo del oro y los placeres de este mundo. Díganme ¡dónde se encuentra un líder así en estos días!

Cuándo encontraremos un hombre así, si en muchos púlpitos se está predicando un evangelio diferente al evangelio bíblico. Se está predicando un evangelio de extrema tolerancia que se acomoda a lo que la gente quiere oír y no a lo que Dios quiere decir. No todas las iglesias que están operando, y se dicen ser cristianas, están predicando el verdadero Evangelio. El Evangelio de la Prosperidad, por ejemplo, es un evangelio falso. Es el evangelio de "tú puedes alcanzar el éxito y cumplir tus sueños", "eres hijo de Dios y mereces lo mejor", "Dios dijo que serás cabeza y no cola", etc. El "Evangelio del Éxito" es otro ejemplo de evangelio falso. En muchos lugares personas se reúnen semana a semana para escuchar mensajes positivos sacados de la Biblia (y sacados por supuesto de su contexto), que sirven para levantar el ánimo, alimentar el hambre de éxito y el ego de los asistentes. Normalmente los lugares así se llenan rápidamente y se convierten en mega iglesias de la noche a la mañana. La gente es atraída por este tipo de mensaje, por lo bonito de las instalaciones y lo arreglado que se ve el escenario, y por el espectáculo que se presenta. En pocos lugares hoy se predica y se enseña el contentamiento y la vida piadosa. Esa enseñanza no es bien recibida; muy pocos quieren oír eso. Es más emocionante que le despierten el deseo de grandeza que está dentro de usted y los sueños de lograr lo que se le antoje.

Hace poco celebramos los quinientos años de la Reforma Protestante, y creo que ya es hora y que es sumamente necesario reformar la iglesia una vez más. Se necesita una reforma en la doctrina (lo que se enseña), y en la práctica (lo que se vive). Por ejemplo, actualmente se está utilizando cualquier género de música en la iglesia con el fin de atraer a los no creyentes, especialmente a los jóvenes. ¿Será que todo género de música agrada a Dios? ¿Deben ser aceptados los géneros musicales que apelan y despiertan los deseos de la carne? ¿Debería haber alguna diferencia entre los artistas cristianos y los seculares? ¿Deben existir límites en cuanto a esto, o no? ¿Quién debe establecer los límites o lineamientos? Esto lo digo para llamar la atención a los líderes sobre la importancia y la urgencia de conciliar todos estos puntos y aspectos doctrinales en la iglesia.

En cuestión de doctrina no hay una uniformidad en lo que se enseña en las iglesias, incluso dentro del mismo concilio o denominación. La gran mayoría de los creyentes ni siquiera conocen ni saben cuáles son las doctrinas bíblicas fundamentales, y casi cada iglesia enseña lo que quiere. No hay discipulado serio y verdadero en las iglesias, eso lo sabemos porque no hay verdaderos discípulos y si los hay son pocos. Necesitamos hacer algo al respecto, necesitamos volver a los principios y los fundamentos, y a perseverar en la doctrina de los Apóstoles (Hechos 2:42).

Este es un llamado urgente: hacen falta líderes que guíen al pueblo de Dios hacia la santidad y obediencia a sus mandatos. ¿Dónde están esos hombres y mujeres? ¿Será usted? ¿Se levantará en esta generación y renunciará usted a sus deseos por buscar cumplir los de Dios? ¡Ojalá y sí!

Una solución permanente

Cuántas veces hemos participado en reuniones e intentos fallidos de unificar, sanar o avivar la iglesia, pero no ha sucedido; y si se ha producido algún resultado, es sólo temporal, momentáneo y pasajero. ¿Por qué ha sido así? Una razón es porque se han tratado las cosas superficialmente, no desde la raíz. Y otra razón es porque después de un avivamiento, la iglesia no ha seguido pagando el precio del sacrificio. Es decir, quiere vivir de lo que sus antepasados hicieron y eso no es posible. Cada generación debe vivir conforme a la justicia y la verdad, o cualquier avivamiento, por fuerte que sea, se apagará, se desvanecerá y no será más. Sólo habrá rastros de lo que fue. ¿Por qué debemos buscar una solución permanente? Por lo que acabamos de mencionar, queremos que el cambio sea duradero no pasajero. Eso es lo que Dios desea y eso es lo que nosotros debemos desear también. Así que después de haber tratado y resuelto nuestro problema de manera correcta, desde la raíz, necesitaremos continuar haciendo las cosas como a Dios le agrada. No debemos simplemente festejar nuestro logro y relajarnos o confiarnos de que ya todo está bien. Lograr un cambio duradero requiere cambiar en verdad, desde adentro; es necesario un compromiso y una decisión firme, no es sólo decir querer cambiar.

Hay dos cosas importantes que debemos hacer. En primer lugar, debemos perseverar, es decir guardar nuestro corazón, y seguir guardándolo, de toda contaminación del pecado que nos asedia. Proverbios 4:23 dice: "*Sobre toda cosa guardada, guarda tu corazón; porque de él mana la vida*". Y el Salmo 119:11 declara: "*En mi corazón he guardado tus dichos para no pecar contra ti*". El corazón es un órgano vital tanto para la vida física como para la vida espiritual del hombre. Por lo tanto, debemos vigilar lo que permitimos, debemos cuidar tanto lo que entra como lo que sale de nuestro corazón y no debemos darle cabida al mal. Es aquí donde entra la predicación y el efecto que esta produce en los oyentes. Jesús dijo en Juan 17:17, "*Santifícalos en tu verdad; tu palabra es verdad*". Y el Salmo 119:9 declara: "*¿Con qué limpiará el joven su camino? Con guardar tu palabra*". La palabra de Dios es esencial para mantenernos alejados del pecado, de eso no hay duda; por lo tanto, no deberíamos descuidar esta área de nuestra vida espiritual.

En segundo lugar, debemos enseñar a la siguiente generación de creyentes a amar y a temer a Dios. Un grave error que se ha cometido con frecuencia, y que debemos evitar, es descuidar la enseñanza y el discipulado. Enseñar a la próxima generación de creyentes es vital para que el avivamiento y la bendición de Dios continúen aun cuando nosotros ya no estemos aquí. Para que la siguiente generación continúe cosechando los frutos del avivamiento, debe continuar haciendo lo que la generación

> Necesitamos la luz para salir de las tinieblas, y la verdad para salir de la mentira.

anterior hizo (apartarse del pecado). En esto no hay secretos; lo que el hombre siembra, eso cosecha.

Un ejemplo muy claro lo encontramos en la reforma en tiempos del profeta Nehemías. Creo que este libro tiene mucho que enseñarnos al respecto, y tenemos mucho que aprender de él. Este hombre de Dios sirve de gran inspiración y ejemplo. Nehemías se humilló delante de Dios, pidió perdón y buscó su rostro. Una vez que tuvo la respuesta de Dios, se esforzó y animó al pueblo a reedificar. Ignoró a sus enemigos y no prestó atención a sus amenazas. Se mantuvo enfocado en su tarea. Cuando vio las injusticias que los judíos hacían contra sus propios hermanos, los reprendió y los comprometió a que hicieran lo correcto delante de Dios. Muchos tuvieron que despedir a sus esposas e hijos; esa decisión no fue fácil, pero era necesaria. De igual manera será con nosotros. Tendremos que ser firmes y serios en lo que hemos decidido si hemos de ver una completa restauración. Esta es la parte más costosa: renunciar a aquello que hemos estado haciendo y que no es agradable delante de Dios. Habrá dolor y habrá sufrimiento, pero sólo así habrá también sanidad.

CONCLUSIÓN

La desobediencia trae como consecuencia maldición, el pecado trae muerte y destrucción, eso es claro desde el principio. No debemos ignorar esto. La condición en que se encuentra el mundo hoy no es culpa de Dios, sino nuestra. Muchos hombres insensatos culpan a Dios de toda la miseria que hoy se vive, pero nunca se culpan a sí mismos. Dios nos entregó un mundo perfecto, lleno de paz y armonía; somos nosotros los que lo hemos convertido en lo que es ahora. Esto es lo que el sabio Salomón encontró en su búsqueda de la verdad y del sentido o significado de la vida debajo del sol. En Proverbios 19:3 escribió: "*La insensatez del hombre tuerce su camino, y luego contra Jehová se irrita su corazón*". Luego en Eclesiastés 7:29, dijo: "*He aquí, solamente esto he hallado: que Dios hizo al hombre recto, pero ellos buscaron muchas perversiones*". Si fuéramos sinceros con nosotros mismos, reconoceríamos que todo lo dicho es verdad. Nuestra arrogancia no nos deja ver y nuestros ojos están cegados a causa del pecado. Necesitamos la luz para salir de las tinieblas, y la verdad para salir de la mentira. La Biblia presenta a un Dios que aunque es santo y poderoso, también es muy misericordioso. Y aun con nuestros errores, fracasos, defectos y pecados, nuestro Creador está dispuesto a perdonarnos, restaurarnos y sanarnos, si tan sólo hacemos lo que él nos manda. En 2 Crónicas 7:14 el Señor declaró:

> "Si se ***humillare*** *mi pueblo*, sobre el cual mi nombre es invocado, *y **oraren**, y **buscaren** mi rostro, y se **convirtieren** de sus malos caminos; **entonces** yo oiré desde los cielos, y perdonaré sus pecados, y sanaré su tierra*".

Después de escuchar lo anterior, acaso alguien dudaría en decir que vale la pena regresar a Dios. La restauración será total y completa, no quedará nada que no sea afectado para bien cuando nos volvamos a Dios. No sólo nosotros seremos bendecidos, sino seremos bendición al mundo, tal y como Dios se lo prometió a nuestro padre Abraham en Génesis 12:1-3. Esto es lo que Dios quiere hacer y se complace en hacerlo, bendecir nuestras vidas para que seamos bendición a otros. Lo digo de esta forma, la única manera de mostrar el camino a la salvación a otros es estando en ese camino. No podemos invitar a otros a hacer lo que nosotros no hemos hecho. No podemos ser luz si vivimos en tinieblas. El mundo está cansado de las tinieblas; hay muchos que están listos para ser cosechados, sólo esperan ver a alguien en quien verdaderamente se ha manifestado la salvación. ¡Oh, qué el Señor nos conceda que nuestros corazones se vuelvan a él en arrepentimiento genuino y sincero! Y que usted y yo podamos volver a ser la sal de la tierra y que provoquemos la sed de aquellos que están perdidos, sin Dios y sin esperanza.

Hacen falta hombres y mujeres como Nehemías y como Daniel que estén dispuestos a humillarse delante de Dios y a reconocer que hemos pecado, y que nos hemos apartado y alejado de los caminos y ordenanzas de Dios. Pero no sólo eso, sino que también estén dispuestos a regresar, a volver a él de todo su corazón. Dios está buscando hoy a un hombre y a una mujer que estén dispuestos a ser sus instrumentos y sus mensajeros, ¿Será usted la persona a quien Dios está buscando? El Señor en Ezequiel 22:30 declaró:

> "[30] *Y busqué entre ellos hombre que hiciese vallado y que se pusiese en la brecha delante de mí, a favor de la tierra, para que yo no la destruyese; y no lo hallé*".

¿Qué dirá el Señor hoy cuando ve la tierra? Peor aún, ¿tendrá que destruir la tierra por falta de un hombre temeroso de él? El llamado del Señor aún sigue en pie. ¿Responderá usted al llamado de Dios? ¿Tendrá Dios que seguir esperando?

Terminaré con las palabras del profeta en Miqueas 6:8-9:

*"[8] Oh hombre, él te ha declarado lo que es bueno, y qué pide Jehová de ti: **solamente hacer justicia, y amar misericordia, y humillarte ante tu Dios.** [9] La voz de Jehová clama a la ciudad; es sabio temer a tu nombre. Prestad atención al castigo, y a quien lo establece".*

¿Acaso es difícil la demanda del Señor para su pueblo? ¿Es algo imposible? Si fuera imposible el Señor no nos lo demandaría. Hagamos nuestra parte y Dios hará la suya. Si Dios es el mismo, entonces su pueblo debe ser el mismo. Dios no ha rebajado sus demandas. Estamos bajo un Nuevo Pacto con mejores promesas. Sí, es verdad, pero eso no quiere decir que Dios tolerará el pecado en su iglesia. No nos equivoquemos, Dios ama a su iglesia, pero no se agrada de la conducta pecaminosa de su iglesia. Si somos su iglesia, caminemos en santidad, caminemos en sus caminos, obedeciendo a la voz de sus preceptos. Hagamos justicia, amemos misericordia y humillémonos ante nuestro Dios. Jesús con su muerte en la cruz nos habilitó para caminar en santidad y pureza delante de él. Nos ha dado espíritu de poder, de amor y dominio propio. Echemos mano de la vida eterna. Mientras caminamos en la tierra como hombres, huyamos de las pasiones que combaten contra el alma; sigamos la justicia, la fe, el amor y la paz con los que de corazón limpio invocan al Señor.

Un mensaje de esperanza

Todo lo dicho anteriormente en este escrito es con la finalidad de traer esperanza y consuelo a muchos corazones heridos por la condición actual de la iglesia. Aunque es tarde, todavía no es demasiado tarde. Cuando digo esto, me baso en los ejemplos de Daniel y Nehemías que, aunque se encontraban en el exilio y nada podían hacer para evitarlo, reconocieron que su condición presente era el resultado de sus decisiones y acciones que como nación habían tomado. Los pecados de sus antepasados habían llegado al extremo y Dios había tenido que juzgarlos. Aun así, sabían que había esperanza en la misericordia de Dios

> Yo, yo Jehová, y fuera de mí no hay quien salve.
>
> *Isaías 43:11*

y que la fórmula para la restauración era el arrepentimiento. Así también nosotros hoy, si nos volvemos a él en arrepentimiento sincero alcanzaremos su misericordia y nos restaurará. Eso es lo que Dios quiere que sepamos y hagamos. Quiere que entendamos que él está dispuesto a perdonarnos y restaurarnos, si tan solo dejamos de andar en nuestros caminos y escogemos andar en los caminos de él. Creo firmemente que Dios traerá en estos últimos tiempos una ola de avivamiento. Cristo regresará por una iglesia triunfante, no una derrotada; por una iglesia limpia y sin mancha, no una contaminada, como la que hoy existe. Créalo, ¡el Señor nos visitará! Dios traerá un avivamiento en el mundo entero, y despertará el espíritu de hombres y mujeres que estén dispuestos a ser usados por él.

Insisto, ¿es usted ese hombre o esa mujer que Dios está buscando?, pienso que sí. Dios nunca ha buscado a personas perfectas (él sabe que no existe alguien así), más bien él nos llama para santificarnos y perfeccionarnos. Dios siempre usará a hombres y mujeres que estén dispuestos a rendir su voluntad completa a él. Entonces la pregunta importante aquí es: ¿responderá usted al llamado de Dios tal y como lo hicieron los grandes héroes de la fe? ¿Será su respuesta "*HEME AQUÍ, ENVÍAME A MÍ*", si el Señor le llama ahora mismo? ¿Está dispuesto a dejarlo todo por él? Eso le corresponde a usted responder. Estoy seguro de esto: que si su respuesta es "sí", el Señor le visitará y le usará para su gloria.

Aquellos que en verdad deseamos un avivamiento, paguemos el precio. A continuación, comparto algunos puntos que he resaltado de lo que he oído de uno de los más recientes avivamientos, el Avivamiento de la calle Azusa en 1906. Dispongámonos a pagar el precio y volvamos a Dios.

El avivamiento de la calle Azusa
"*Un avivamiento es responsabilidad de todos*". Un sólo hombre no puede llevar todo el peso del avivamiento. El pueblo también tiene que hacer su parte. Si el avivamiento se deshace, es porque el pueblo no continúa avanzando en lo que ha recibido.

El avivamiento requiere:

1. Sacrificio
2. Reforma
3. Negación
4. Madurez
5. Lágrimas
6. Humildad
7. Renuncia absoluta
8. Perseverancia

> "*El fuego de Dios sólo cae sobre los sacrificios; un altar vacío no recibe fuego.*"

> "*Todos quieren vivir un avivamiento, pero no todos están dispuestos a morir a sí mismos para obtenerlo. Cualquier abaratamiento del precio del Pentecostés sería un desastre de magnitud incalculable.*"

Los líderes eclesiásticos rara vez reciben bien una reforma. La historia se repite; los líderes actuales están, en general, cómodamente instalados como para aceptar innovaciones que pudieran requerir sacrificios de su parte.

Cuatro puntos en los cuales se basó el avivamiento de Gales:

1. Renuncia a todo pecado que conozcas.
2. Investiga todas tus cosas secretas y dudosas.
3. Confiesa al Señor Jesucristo abiertamente.
4. Comprométete a obedecer al Espíritu Santo sin reservas.

No te vayas de este lugar y hables acerca de las lenguas, en cambio trata de que las personas sean salvas. Y cuando te vayas, recuerda lo siguiente: El poder apostólico va a traer persecución apostólica. Si Dios, por la gracia de Cristo, te ha perdonado tus pecados, tú lo sabes. Y si no lo sabes mejor que lo que sabes de cualquier otra cosa en la vida, todavía estás en tus pecados. Si Dios te ha dado un corazón limpio y ha santificado tu alma, tú lo sabes; y si no lo sabes, entonces, es porque aún no está hecho. Cuando tú eres santificado, la gente lo puede ver en tu vida, pero cuando Dios te bautiza con su Espíritu Santo, trae un santo denuedo, al grado que te puedes poner de pie ante el mundo entero sin temor. El hombre puede decir que lo que te sucede o que lo que haces es del diablo, y aun podrán decir que estás borracho, pero, gloria sea a Dios, que hay un poder detrás de ti, que los hombres y las mujeres no pueden negar.

La Fe Apostólica, octubre 1906.

~ 2 Crónicas 7:14 ~

"Si se humillare mi pueblo, sobre el cual mi nombre es invocado, y oraren, y buscaren mi rostro, y se convirtieren de sus malos caminos; entonces yo oiré desde los cielos, y perdonaré sus pecados, y sanaré su tierra".

~ Apocalipsis 2:7 ~

"El que tiene oído, oiga lo que el Espíritu dice a las iglesias. Al que venciere, le daré a comer del árbol de la vida, el cual está en medio del paraíso de Dios".

~ Apocalipsis 2:11 ~

"El que tiene oído, oiga lo que el Espíritu dice a las iglesias. El que venciere, no sufrirá daño de la segunda muerte".

~ Apocalipsis 2:17 ~

"El que tiene oído, oiga lo que el Espíritu dice a las iglesias. Al que venciere, daré a comer del maná escondido, y le daré una piedrecita blanca, y en la piedrecita escrito un nombre nuevo, el cual ninguno conoce sino aquel que lo recibe".

Bibliografía

D. L. Moody. *La oración que prevalece*, Editorial Clie. Barcelona, España (1982).

Oswald J. Smith. *Pasión por las almas*, Editorial Portavoz. Grand Rapids, Michigan (1984).

W. Tozer. *La búsqueda de Dios*, Moody Publisher. Chicago, Illinois (1977).

Charles R. Swindoll. *Despertando a la iglesia, un llamado urgente*, Editorial Patmos. Miami, Florida (2015).

Donald R. Sunukjian. *Volvamos a la predicación bíblica, cómo se proclama la verdad con claridad y vigencia*, Editorial Portavoz. Grand Rapids, Michigan (2010).

David Helm. *La predicación expositiva, cómo proclamar la palabra de Dios hoy*, 9Marks. Washington, D. C. (2014).

Martyn Lloyd Jones. *La predicación y los predicadores*, Editorial Peregrino, S. L. Ciudad Real, España (1971).

Libros sugeridos

La siguiente es una lista de libros que he leído y que por lo tanto, recomiendo para todos aquellos que estén interesados en conocer más e instruirse sobre los temas que tratan:

Sobre la oración y vida cristiana:

1. *La oración que prevalece*, D. L. Moody, Editorial Clie.
2. *El cristiano de rodillas*, Anónimo, Editorial Clie.
3. *La oración de poder*, Lowell Lundstrom, Editorial Vida.
4. *Oremos*, T. S. (Watchman) Nee, Editorial Vida.
5. *La necesidad de la oración*, Edward M. Bounds, Editorial Peniel.
6. *Orando la Biblia*, Donald S. Whitney, Editorial B&H Español.
7. *El conocimiento del Dios santo*, A. W. Tozer, Editorial Vida.
8. *La búsqueda de Dios*, A. W. Tozer, The Moody Bible Institute of Chicago.
9. *La presencia de Dios en tu vida*, A. W. Tozer, Editorial Portavoz.

Sobre la predicación:

1. *La predicación bíblica*, Donald R. Sunukjian, Editorial Portavoz.
2. *La predicación y los predicadores*, Martyn Lloyd Jones, Editorial Peregrino.
3. *Cómo predicar expositivamente*, Walter L. Liefeld, Editorial Vida.
4. *De parte de Dios y delante de Dios*, Sugel Michelén, Editorial B&H Español.

5. *La predicación, cómo predicar bíblicamente*, John MacArthur, Editorial Grupo Nelson.
6. *Enseñando para cambiar vidas*, Howard Hendricks, Editorial Unilit.
7. *La predicación expositiva*, David Helm, 9Marks.
8. *Cómo preparar mensajes bíblicos,* James Braga, Editorial Portavoz.
9. *El sermón eficaz,* James D. Crane, Editorial Mundo Hispano.

Legales

Tacuba, Oscar
El problema de la iglesia y cómo resolverlo: ¿Te atreverás a descubrirlo? / Oscar Tacuba. -1ª ed.- Buenos Aires: Almendrus Creativo, 2021.

206 p. ; 22 x 14 cm.
ISBN 978-987-88-1902-0

1. Cristianismo. 2. Liderazgo. 3. Vida Cristiana. I. Título.
CDD 264.001

Imagen de tapa: Equipo de diseño Ibukku
Diagramación de tapa: Gastón I. Ferreyra

Edición de texto: Rubén C. Casas
animo@verizon.net | Tél.: +1 (626) 315-5182.

Diseño y maquetación: Gastón I. Ferreyra
almendruscreativo@gmail.com

Para más información sobre cómo obtener otros recursos, contáctenos al correo electrónico: otacubalibros@gmail.com

Soli Deo gloria

La primera versión de este libro se editó en octubre 2021.
Se utilizaron las familias tipográficas Minión Pro y sus variables,
Cormorant Garamond con sus variables y la Roboto Condensed.

Made in the USA
Monee, IL
06 November 2021